# MONSEIGNEUR

# COUPPERIE

## ÉVÊQUE DE BABYLONE

PAR

## C. MERLAND

SE VEND AU PROFIT DE LA SOUSCRIPTION OUVERTE POUR LA RECONSTRUCTION
DE L'ÉGLISE DE CHALLANS

## NANTES

IMPRIMERIE VINCENT FOREST ET ÉMILE GRIMAUD
PLACE DU COMMERCE, 4

1881

*Dans les premiers jours du mois de septembre de l'année dernière, j'écrivais à M. le Curé de Challans :*

Monsieur le Curé,

Au moment où vous vous occupez de la reconstruction de l'église de Challans, je me demande si vos paroissiens ne liraient pas avec quelque intérêt la vie d'un prélat, leur concitoyen, dont le nom occupe une grande place dans l'histoire des églises d'Orient. En publiant une notice sur Mᵍʳ Coupperie, évêque de Babylone, je me suis proposé deconsacrer le prix de sa vente à l'œuvre que vous avez entreprise, persuadé que cette destination, bien plus que le mérite de l'ouvrage, en facilitera l'écoulement. J'ose espérer que, sur ce point, vous ne me refuserez pas votre concours. Je m'estimerais bien heureux si le souvenir de celui qui, dans sa mission, éleva tant de temples au Seigneur, contribuait à la réédification de l'église où il reçut le baptême.

Agréez, Monsieur le Curé, l'assurance de mon respect.

C. MERLAND.

*Chaleureusement encouragé par M. le Curé, je prends la plume pour mettre mon projet à exécution.*

*Au public maintenant à en assurer le succès.*

# M<sup>GR</sup> COUPPERIE

ÉVÊQUE DE BABYLONE

———

Le Vendéen n'a point les goûts cosmopolites ; le désir d'apprendre ou de s'enrichir ne l'entraîne point vers de lointains rivages. Plus que tout autre, il tient à son clocher, et ne s'éloigne jamais, sans un profond regret, du lieu où fut élevée son enfance. Cet amour du pays natal que n'a pu détruire la grande facilité des communications créées par la science moderne, était, au commencement du XIX<sup>e</sup> siècle, bien plus accentué encore qu'il ne l'est de nos jours. Pour lui, la patrie ne s'étendait pas au delà de certaines limites et ne comprenait même pas le territoire du département de la Vendée dans toute son étendue. Le Bocage, le Marais et la Plaine, qui ont encore le caractère distinctif de leur race, ne mêlaient jamais leur sang. Cet attachement au sol que labourait sa charrue, croissait en raison inverse des distances, et se concentrait, pour le cultivateur, sur une zone très restreinte. Pour être moins exclusif, il n'en était pas moins très prononcé dans les autres classes de la société, et les fonctions publiques, qui presque toutes nécessitent des déplacements, ne se recrutaient guère au sein de la Vendée. Seuls, des hommes, la plupart sortis des rangs du peuple, n'hésitèrent pas à briser les liens qui leur étaient si chers, pour porter leurs pas sur des terres étrangères. Ceux-là, ce n'était point la soif de l'or qui les attirait ; une voix plus puissante, celle de Dieu, leur commandait ce grand renoncement aux douces joies de la famille et du foyer domestique. Ce furent des missionnaires qui, enrôlés sous la bannière du Christ, entreprirent pour le salut des âmes et les progrès de la civilisation, des expéditions lointaines et périlleuses. Parmi les héros que la Vendée a fournis à l'Eglise, plus d'un nom se trouvera sous notre plume; inscrivons aujourd'hui dans nos annales celui de Mgr Coupperie, évêque de Babylone; demain nous en détacherons un autre de cette glorieuse phalange.

Pierre-Alexandre Coupperie est né à Challans quelques années avant la Révolution, dont les grands excès n'ont pu faire oublier les grandes choses. Nous n'avons point, en commençant, à parler de ces guerriers magnanimes, *dont la redoutable épée, jetée dans un des plateaux de la balance, servit de contrepoids à la hache révolutionnaire* [1], mais de cet abominable régime de la Terreur dont la Vendée, plus que tout autre département, fut le sanglant théâtre. C'est de nos moissons, aussi bien que de celles qui croissent sur les limites des États, que l'on peut dire avec le poète :

Aucun épi n'est pur de sang humain.

Au milieu des hécatombes qui rougirent le sol de notre pays, la congrégation de Saint-Laurent ne fut point épargnée. Plusieurs de ses prêtres et de ses religieux furent égorgés ; d'autres se dispersèrent et cherchèrent dans l'exil ou dans les forêts du Bocage, un abri contre les persécutions dont ils étaient l'objet. Quand des jours meilleurs se levèrent pour la France, les portes de la maison de Saint-Laurent se rouvrirent, et les sœurs y accoururent, toujours prêtes à se dévouer à toutes les souffrances, à celles des bourreaux comme à celles des victimes. Mais la Congrégation ne put pas reconquérir en un jour sa prospérité passée, et, en 1810, les Pères n'avaient pas encore repris l'exercice de leurs missions. En trop petit nombre pour l'accomplissement de cette œuvre, ils se bornaient le plus souvent à remplir leur saint ministère dans les paroisses avoisinantes, la plupart dépourvues de prêtres.

L'abbé Coupperie venait de recevoir les ordres. Ce fut probable-

[1] Châteaubriand.

ment le besoin que la Congrégation de Saint-Laurent avait de missionnaires et le bien qu'il y voyait à faire qui décida de sa vocation. Il y entra le 27 février 1810.

La Compagnie de Marie dont il devenait membre, offrait en effet un vaste champ à son zèle apostolique, à sa piété et à sa science. Si la guerre, bien loin d'éteindre, dans la Vendée, le sentiment religieux, lui avait au contraire donné une impulsion nouvelle, il avait été loin d'en être ainsi pour l'enseignement de l'Evangile. La parole de Dieu avait bien retenti dans les âmes pures et naïves des habitants de la campagne, mais leur ignorance des doctrines de l'Eglise était restée profonde. Comment en aurait-il été autrement ? Pendant plus de dix ans, le troupeau avait été sans pasteur, et l'enseignement du catéchisme avait manqué à l'enfance. Il est bien vrai que dès le commencement du siècle, les curés avaient été rendus à leur paroisse, mais beaucoup de ceux que la maladie ou l'échafaud avait moissonnés n'avaient pas eu de successeurs. Les séminaires ayant été fermés, la source où le clergé faisait ses recrues s'était trouvée tarie pendant de longues années.

Ce fut vers la fin de 1810 que les missions se rouvrirent dans le diocèse de Luçon. Jusqu'en 1815, le Père Coupperie se multiplia et y donna de nombreuses retraites. Deux de ses missions, celles de Valette et de Fontenay, furent particulièrement remarquées par le grand succès qu'elles obtinrent et le nombreux concours de fidèles qu'elles attirèrent.

Ce n'était pas là sa tâche principale : sans sortir de la maison de Saint-Laurent, il en trouvait une plus fructueuse. Il y rencontrait de jeunes cœurs emportés hors du monde par l'amour de Dieu et par la charité, qu'il fallait, pendant les luttes du noviciat, diriger et affermir. Cet abandon des biens de la terre, ce renoncement aux joies les plus douces et les plus légitimes, ne se font pas sans combats intérieurs. Pour n'être pas renversé par la tempête, l'arbrisseau a besoin d'un vigoureux soutien. Les novices et les professes le trouvaient dans le Père Coupperie. Lui-même empruntait sa force aux Saintes Écritures, et la communiquait à celles qui l'écoutaient. Naguère encore on rencontrait des sœurs qui, arrivées aux jours de la vieillesse, en conservaient la mémoire. Quelques-uns de leurs souvenirs ont été recueillis par M. Charles de Chergé qui les a transcrits dans sa notice sur M<sup>gr</sup> Coupperie.

C'est par de saintes paroles, c'est par de pieux exercices qu'il fortifiait les âmes et les préparait à la vie d'abnégation et de dévouement dont j'ai été le témoin, et à laquelle il m'est bien permis d'apporter mon hommage. Oui, pendant plus de trente ans, je les ai vues à l'œuvre ces saintes filles qu'on ne saurait trop glorifier ; pendant plus de trente ans, j'ai eu l'insigne honneur de me trouver, chaque matin, avec elles, au lit des malades, et le souvenir qui m'en reste est plein d'admiration et de respect.

Cherchez ailleurs dans tous les rangs de la société, vous ne trouverez pas, parmi les plus dignes, des femmes comparables à ces humbles créatures dont toute la vie est une immolation et un sacrifice. Je me trompe, elles trouvent sur la terre, dans le soulagement des misères et dans l'accomplissement du devoir, une première récompense. Le monde ne peut y croire, et, à la vue des privations qu'elles s'imposent et des actes qu'elles accomplissent, ceux qui ne les connaissent pas s'imaginent que leurs jours sont pleins d'angoisses et de tristesses. Oui, leur labeur est rude ; oui, levées longtemps avant l'aurore, le soleil ne les a jamais surprises plongées dans les douceurs du sommeil ; oui, elles pansent les plaies fétides sans reculer devant les souillures du corps ; oui, elles respirent souvent un air empoisonné, bravant sans cesse la contagion et la mort. Mais elles ne connaissent pas les passions qui nous agitent, les exigences sociales auxquelles nous ne pouvons guère nous soustraire, les intérêts matériels qui nous préoccupent. A l'abri de ces tourments de l'âme, elles trouvent dans le calme de la conscience, cette douce gaîté qui ne les abandonne jamais. Et quelle fin couronne une si belle vie ! J'en ai vu plus d'une à son lit de mort ; je n'ai jamais entendu la plainte s'échapper de leur poitrine ; je n'ai jamais surpris dans leur cœur le regret de quitter la terre.

On se trompe encore quand on croit que, continuellement age-
nouillées au pied de l'autel et plongées dans la méditation et le
recueillement, elles consument leurs jours dans des oraisons inter-
minables. Elles savent qu'avant même la prière, un autre devoir
leur est imposé, et quand, pendant le sacrifice de la messe, la
cloche vient annoncer la visite du médecin, elles se hâtent de quitter la chapelle pour se rendre au lit du malade. Les exagérations
dévotieuses, les étroitesses d'une conscience trop scrupuleuse leur
sont inconnues, et ces questions spéciales que le médecin est souvent obligé d'adresser aux malades, ne leur font point, comme à
quelques personnes du monde, monter la rougeur au front. Les
âmes innocentes ne sont pas celles qu'un mot ou un geste effa-
rouchent, parce que le mal est moins dans l'expression que dans la
pensée. Aussi, quand le scandale a pénétré partout; quand, dans la
société, il n'y a pas un corps, si recommandable qu'il soit, qui n'ait
vu la sévérité de la loi atteindre quelques-uns de ses membres,
jamais, parmi les religieuses, il ne s'est produit un de ces actes
coupables qui appellent l'attention des hommes. C'est du sein de
leurs Congrégations, de celles de Saint-Vincent-de-Paul et des
Filles de la Sagesse en particulier, que sortent tous les jours les
grands exemples de vertu et de charité. Mais comme ils s'accomplissent dans l'ombre et le silence, que la presse et les réunions
publiques ne retentissent point de leurs mérites, ils passent inaper-
çus et comme chose vulgaire et naturelle. Que dis-je ! quand il a
plu aux orateurs de carrefour et aux soldats de l'émeute de s'en
occuper, c'est avec rage qu'ils se sont rués sur les maisons de charité pour en profaner le sanctuaire. Aujourd'hui même que les fu-
reurs des premiers jours devraient être apaisées, n'avons-nous pas
vu quelques édilités faire de grands sacrifices d'argent pour enlever
aux sœurs le service hospitalier et le confier à des mercenaires sa-
lariées recrutées un peu partout ? Comme ils vont recevoir des soins
intelligents et affectueux, ces pauvres malades, et comme ils doivent
bénir ceux qui prennent tant de soucis de leurs souffrances ! Et il
s'est trouvé des mains pour applaudir à un acte dicté par la haine

de tout ce qui est bien, de tout ce qui est noble, de tout ce qui est
généreux. Honte à ces hommes qui, au nom de la raison et de l'humanité qu'ils outragent, sacrifient à leurs passions insensées les
misères du pauvre et les pleurs de l'orphelin ! En présence de pa-
reils outrages à ce qu'il y a de plus sacré sur la terre, l'indignation
déborde de l'âme et la plume ne peut se contenir. Oh ! saintes
Filles, permettez à celui qui, pendant si longtemps, a été témoin de
vos bonnes œuvres, de protester contre l'injustice des hommes. Je
sais que les attaques auxquelles vous êtes en butte ne sauraient
vous atteindre, qu'elles vous honorent au contraire et que vous êtes
prêtes à prodiguer vos soins à ceux qui s'en rendent coupables.
Mais laissez-moi dire à ces malheureux que leurs insultes retom-
bent sur eux-mêmes, et, dans ce temps où toutes les volontés sont
consultées, laissez-moi encore demander à ceux que la fièvre dé-
vore ou que ronge l'ulcère, laquelle ils préfèrent pour leur donner
des soins, de la sœur de charité ou de la première venue.

Le Père Coupperie passa neuf ans dans la congrégation de Saint-
Laurent, et comme, au jour de la récolte, on ne doit pas seulement
bénir la main qui amasse les fruits, mais aussi celle qui a jeté la
semence, il doit avoir sa part dans la moisson dont les filles de
la Sagesse sont les ouvrières de toutes les heures.

Comme membre de la congrégation de Saint-Laurent, le Père
Coupperie trouvait sa mission trop douce et trop facile ; elle n'offrait
pas un aliment suffisant à l'ardeur de sa foi et à ses inspirations
généreuses. Sa pensée l'appelait ailleurs. Il voulait porter aux
idolâtres la parole de Dieu et ramener les sectaires à la religion
catholique dont ils s'étaient écartés. La voie qu'avaient parcourue
tant d'illustres apôtres était une voie sanglante sans doute, et, pour
y marcher d'un pas ferme, il ne fallait reculer ni devant la souf-
france, ni devant la menace de la mort. Loin de s'en effrayer, il ne
se montrait que plus disposé à suivre l'exemple des glorieux martyrs dont le nom était toujours présent à sa mémoire. Qu'il lui fallût
porter la croix dans les régions les plus inhospitalières et les plus
hostiles, qu'il lui fût commandé de traverser les déserts de l'Arabie

ou la mer des Indes, il était prêt à partir au premier signal. On a souvent comparé le missionnaire au soldat. Dans la vie militante, tous deux, quand le devoir l'ordonne, bravent la mort et méprisent la vie. Mais, pour le reste, quelle différence ! L'aiguillon du soldat est la gloire et quelquefois aussi la soif des honneurs et de la fortune. Il ne renonce à aucun des biens de la terre, à aucune des sensualités du monde. Rien de semblable chez le missionnaire. Toutes les jouissances matérielles lui sont interdites, il s'éloigne du foyer domestique et a pour famille l'humanité tout entière ; il meurt tous les jours pour vivre éternellement.

Tel était le Père Coupperie quand il entra dans les Missions étrangères. Le Saint-Père le connaissait déjà; il résolut de mettre à profit ses grandes qualités dans l'intérêt de l'Église, et l'appela à l'évêché de Babylone, dont le siège était vacant.

La fondation de ce diocèse datait du XVII<sup>e</sup> siècle et était due, en grande partie, à une sainte femme, à M<sup>me</sup> du Gué-Bagnols. Elle avait en effet consacré une somme de soixante-six mille francs à cette œuvre, avec cette condition que tous les évêques de Babylone seraient français et à la nomination de la Propagande.

Au diocèse de Babylone, dont le territoire avait une étendue égale au tiers de la France, fut adjoint le vicariat apostolique d'Ispahan. Un prédicateur distingué, le Père Bernard, de l'ordre des Carmes déchaussés, fut le premier qui en prit possession. Sacré à Rome en 1640, il se rendit peu de jours après à sa destination. Sa mission rencontra bien des entraves, et, comme il se trouvait dans le pays des prêtres assez éclairés pour le remplacer pendant son absence, il revint à Paris se concerter avec le cardinal de Richelieu, à l'effet d'y fonder une maison destinée à former des missionnaires pour les églises du Levant. Il acheta, à cette intention, un terrain et des maisons dans le faubourg Saint-Germain, et c'est sur leur emplacement que fut construit, dans la rue qui porte encore le nom de rue de Babylone, le séminaire des Missions étrangères.

Les évêques de Babylone étaient les seuls évêques *in partibus* qui fissent partie des assemblées du clergé. Ils devaient sans doute cet honneur à la qualité de consul de France à Bagdad qu'ils tenaient de nos rois. Nous regrettons de dire que l'évêque de Babylone fut un des six prélats qui, à l'assemblée constituante, votèrent la constitution civile du clergé.

Les missions de la Mésopotamie et de la Perse devinrent très prospères sous Louis XIV. Jusqu'à la Révolution, presque tous les missionnaires de cette province avaient été des Français. Ils appartenaient aux ordres des Carmes, des Dominicains, des Capucins et des Jésuites. A cette époque et même auparavant, la splendeur des missions orientales avait singulièrement perdu de son éclat. Privées des secours que jusque-là elles avaient reçus de la France, leurs grandes fondations religieuses tombèrent, et, pendant de longues années, l'évêché de Babylone n'eut pas de titulaire.

Le Père Coupperie s'étant rendu à Rome pour demander au Saint-Père sa bénédiction et recevoir la mission qu'il plairait à Sa Sainteté de lui confier, Pie VII pensa que, sous la direction d'une âme généreuse et d'une main prudente, l'évêché de Babylone pourrait se relever de ses ruines. Le 11 mai 1820, il l'appela à en prendre possession. Le nouvel évêque fut sacré à Paris. dans la chapelle des Dames du Sacré-Cœur, le 10 septembre de la même année, par le coadjuteur du cardinal de Talleyrand. Le 25, il se mit en route, passa par Lyon et alla s'embarquer à Marseille, saluant d'un dernier adieu la terre de France qu'il ne devait plus revoir. Il était accompagné du comte Guinasi, qui allait faire un voyage en Orient.

Bien que les routes fussent peu sûres, Mgr Coupperie put arriver à Bagdad sans accident. Cette ville, capitale du pachalik qui porte son nom, avait alors cent cinquante mille habitants. Sa population se composait d'Arabes, de Turcs, de Persans, de Juifs, d'hérétiques nestoriens et jacobites. On y comptait seulement deux mille catholiques, partagés en branches chaldéenne, syrienne, arménienne et latine. On y trouvait aussi quelques Grecs et quelques Maronites. Chaque religion et chaque secte avait ses prêtres et ses rites particuliers.

Mᵍʳ Coupperie eut à lutter contre des difficultés faites pour effrayer une autre âme que la sienne. Dans son diocèse, tout était à refaire et tout lui manquait. Il fallait relever les hospices d'Ispahan, de Bassora, de Mardin, de Dierbékir, créer des maisons pour l'éducation des enfants, édifier des églises pour les pratiques du culte, et il n'avait que de bien faibles ressources entre les mains. En même temps, il voulait répandre la parole de Dieu dans les vastes contrées confiées à sa garde, et, pour la prédication, au lieu des religieux européens que l'on y trouvait autrefois, il n'y avait plus que des prêtres indigènes, fervents catholiques, sans doute, mais dont les vertus ne pouvaient pas remplacer le manque de science. D'ailleurs, que d'obstacles et d'entraves de ce côté ! Si, grâce à la bonne harmonie qui régnait entre les cours de France et de Turquie, il n'avait qu'à se louer de la tolérance du Pacha et des grands, s'ils lui laissaient la liberté entière de son culte, s'ils lui permettaient de travailler à la conversion des dissidents et accueillaient bien toutes les requêtes qu'il leur présentait, il n'en était pas ainsi des agents subalternes et des hommes du peuple. La corruption et l'avidité des musulmans contrariaient tous ses projets, bien qu'il s'abstînt avec soin de faire auprès d'eux la moindre propagande, — la loi étant sur ce point d'une rigueur extrême et punissant de la peine de mort le missionnaire et le mahométan, lorsque, à la voix du premier, le second avait quitté le Croissant pour la Croix — il se trouvait chez eux des misérables toujours prêts à exercer des tourments sur nos malheureux coréligionnaires. Non qu'ils y fussent poussés par le fanatisme ; en matière de religion, ils étaient d'une parfaite indifférence ; mais ils se faisaient un malin plaisir d'accabler de coups les chiens de chrétiens, qui n'osaient jamais les leur rendre. Ils trouvaient aussi le moyen de faire une sorte de prosélytisme religieux fort lucratif. Des catholiques mourant de faim imploraient-ils leur assistance, ils ne leur accordaient un morceau de pain qu'à la condition qu'ils se fissent musulmans ; et, s'ils voulaient plus tard renier leur apostasie, les charitables champions de l'islam leur faisaient payer cher le retour à la religion qu'ils n'avaient abandonnée que parce qu'ils avaient été pressés par le besoin. Il en était de même pour les enfants des catholiques. Ils les enlevaient, les forçaient de faire profession de mahométisme sous les peines les plus sévères, et ne les rendaient ensuite à leurs parents qu'à beaux deniers comptants. Enfin, si des hérétiques revenaient à la foi catholique, ils imposaient de lourdes amendes à leur conversion.

A Bagdad, sous les yeux du Pacha, les musulmans n'osaient pas se livrer sur les chrétiens à de pareilles vexations, mais dans les autres régions de la Mésopotamie, ils ne s'en faisaient pas faute. Partout les prêtres et les églises y étaient dans une misère profonde.

M⁸ʳ Coupperie devait aller au plus pressé et commencer par pourvoir les fidèles d'un temple où ils pussent assister aux saints sacrifices. Pendant que les autres sectes n'avaient que d'étroites chapelles, il éleva une église, la seule qui fût assez vaste pour qu'on y pût faire toutes les cérémonies du culte catholique. Quoique pauvre, elle fut très fréquentée, et, comme aux premiers temps de l'ère chrétienne, si les ornements furent de bois, le prêtre fut d'or.

Toutes les ruines ne pouvaient pas se relever à la fois, et, pour y arriver, M⁸ʳ Coupperie avait grand besoin qu'on lui vînt en aide. Informé que l'association de la Propagation de la Foi venait de se fonder à Lyon, il s'adressa à son grand aumônier et au vicaire général du diocèse pour lui exposer son dénuement et ses besoins. Il lui fallait entretenir et nourrir un évêque octogénaire, ainsi qu'un évêque, jadis hérétique, dont la conversion était récente et qui manquait de tout; assister des prêtres persécutés et jetés en prison pour leur zèle apostolique; donner du pain à de pauvres catholiques qui, pour ne pas mourir de faim, étaient sur le point d'embrasser l'islamisme. Enfin, à défaut de missionnaires qui manquaient, il devenait indispensable d'instruire des jeunes gens indigènes et de créer une pépinière où le sacerdoce pût recruter des lévites.

Touchée d'une pareille misère, l'association de la Propagation de la Foi envoya à l'évêque de Babylone un premier secours de quatre mille francs.

En lisant la lettre que, le 8 juin 1825, il écrivit au Conseil central du Midi pour lui rendre compte de l'emploi qu'il avait fait de cette somme, on est étonné qu'avec si peu d'argent, il ait pu accomplir de si grandes choses.

L'ignorance des chrétiens de Bagdad étant extrême, il résolut de cultiver de bonne heure leur esprit et leur âme. A cette intention, il y créa deux écoles, une de garçons et une de filles, et comme pour la première, il manquait de maîtres, il en fit venir deux d'un couvent de religieux situé à cent lieues de Bagdad.

Il ne suffisait pas d'avoir des maîtres, il fallait mettre entre les mains des enfants quelques bons livres propres à les instruire et à leur former le cœur. Mgr Coupperie en acheta pour quatre ou cinq cents francs dans une librairie située sur le mont Liban.

Ayant arraché aux Musulmans plusieurs familles chrétiennes qui n'avaient embrassé l'islamisme que contraintes par le besoin, il fut obligé, pour les soustraire à une cruelle persécution, de leur chercher un asile à plus de deux cents lieues de Bagdad. Les unes furent envoyées dans la Géorgie, les autres dans les montagnes du Liban.

Sans pitié pour quelques malheureux chrétiens qui n'avaient pas pu payer l'impôt, les Turcs s'étaient emparés de leurs enfants, les maltraitaient et les tenaient en esclavage. L'évêque les racheta et fit aussi des aumônes à de pauvres gens épuisés par la faim et par la misère.

A son avènement au trône, Charles X avait envoyé au shah de Perse un ambassadeur, M. Desbassyns de Richemont. Le shah, dans une audience solennelle, le reçut avec toute la pompe orientale, et lui conféra les insignes de l'ordre du Lion et du Soleil. Ce n'était pas la première fois qu'une pareille réception était faite à l'envoyé du roi de France. Sous Louis XIV, François Picquet, évêque de Babylone, avait été chargé de la même mission et avait reçu le même accueil à la cour d'Ispahan. Les bonnes relations qui s'établirent entre la France et la Perse furent très favorables aux chrétiens de ce dernier empire. Le mahométisme s'y trouvait partagé en deux sectes, celle d'Omar et celle d'Ali. Les Turcs faisaient partie de la première, les Persans de la seconde. Ces deux sectes rivales se détestaient et n'étaient pas trop hostiles aux chrétiens; la secte d'Ali était même animée pour eux d'un grand esprit de tolérance. Comme il n'y avait pas un seul prêtre catholique dans la contrée et que la religion chrétienne ne s'y conservait que par une sorte de tradition, laquelle s'altérait avec le temps, Mgr Coupperie envoya à Ispahan un prêtre arménien. Celui-ci se multiplia et son zèle lui fit accomplir de grandes choses. Mais que pouvait un seul ministre du culte dans une vaste contrée où les fidèles étaient disséminés un peu partout?

A toutes ces bonnes œuvres, Mgr Coupperie avait été heureux de pouvoir en ajouter une dernière : il avait envoyé des secours à trois évêques catholiques, dont la pauvreté touchait à la misère. L'un d'eux, l'évêque de Mossoul, était un vieillard de soixante-dix-huit ans. Né dans l'hérésie, il s'était converti à seize ans; plus tard, avait été ordonné prêtre et était devenu évêque à quarante. Pendant son long épiscopat, ce digne prélat avait subi de la part des Turcs et des Jacobites bien des persécutions ; mais rien n'avait pu ralentir son zèle. Il avait ramené à l'Eglise plus de vingt mille de ses frères égarés, au nombre desquels deux évêques, un Jacobite et un Nestorien. D'une charité admirable, Mgr Coupperie l'avait vu se dépouiller de tout pour soustraire son troupeau aux mauvais traitements qui l'attendaient, si, dans l'impuissance où il était de le faire de ses propres deniers, il n'avait pas payé pour lui les sommes que les pachas en exigeaient.

L'évêque de Babylone avait donc fait des prodiges. Sa conduite avait été aussi prudente que sa charité admirable. Chargé de la surveillance générale de son diocèse, n'ayant avec lui aucun prêtre romain pour l'aider à y maintenir la foi, il avait, suivant la recommandation qui lui en avait été faite de haut lieu, laissé toute liberté, dans leurs cérémonies religieuses, aux quatre rites catholiques que l'on comptait à Bagdad. L'unité existant dans la foi, il ne demandait pas davantage. Aussi recueillait-il les fruits de sa bonne administration spirituelle et de la sagesse de sa conduite. Son église était la seule où le culte s'exerçât librement et publiquement. Partout sa personne était l'objet d'une grande vénération, non seulement de la part des chrétiens, mais aussi de la part des Turcs qui lui demandaient l'aumône au nom de Jésus-Christ et de la Vierge Marie.

Consul de France, comme l'avaient été ses prédécesseurs, cette dignité ajoutait encore à son crédit et à l'autorité qui s'attachait à son nom.

Le caractère naturellement bienveillant de la population était aussi fait pour lui aplanir les obstacles qu'il rencontrait sur sa route. Ce n'est pas l'intelligence qui manque aux Orientaux, mais bien plutôt la culture de l'esprit. N'ayant ni le goût des lettres, ni le goût des sciences, la plupart croupissent dans une profonde ignorance. Le sens moral leur fait également défaut. Ainsi, dans le commerce, branche principale de leur industrie, il faut se défier de leurs promesses et ne pas ajouter foi à leurs paroles. Les chrétiens avaient aussi beaucoup à apprendre. Doués d'une heureuse mémoire, toute leur science religieuse se bornait à savoir par cœur des psaumes qu'ils récitaient à tout venant. Les Turcs les tenaient en grand mépris, et ils en acceptaient, sans murmure, toutes les humiliations.

La santé de Mgr Coupperie n'avait pas souffert d'un climat si différent de celui de la France. A Bagdad, les chaleurs sont excessives, même pour les Orientaux, et les hivers très rigoureux, même pour les Européens. Dès les premiers jours du mois de mai, le thermomètre s'élève à 35°, et à cette chaleur étouffante succèdent, au mois de novembre, des froids très vifs qui tiennent à la proximité des montagnes du Kurdistan. Pendant que le mont Ararat, où s'arrêta l'arche de Noé, est couvert de neiges éternelles, le souffle du printemps donne aux plantes qui sont à ses pieds une végétation luxuriante. Séparées seulement par quelques kilomètres, l'œil voit, d'un côté, des forêts de chênes et de sapins ; de l'autre, des bois de palmiers et de citronniers, et une oreille attentive peut entendre, en même temps, les rugissements du lion et les sourds grondements de l'ours.

Que de vertus, que d'enseignements, que de grands exemples trouvent, dans ces contrées, les esprits instruits et les âmes croyantes ! M<sup>gr</sup> Coupperie n'avait pas besoin d'évoquer les souvenirs du passé, ils venaient assaillir sa pensée et frapper ses regards. Dans ce berceau du genre humain et de la civilisation, il rencontrait, à chaque pas, les grandes pages de l'Histoire et de la Bible, que la barbarie a bien pu déchirer, mais qu'elle n'a pas fait disparaître complètement. Depuis la Genèse jusqu'à nos jours, chaque siècle y a laissé ses traces. Aujourd'hui, ce sont des monuments qui font l'admiration du monde, des palais où s'étale le luxe effréné des rois, la prostitution et la débauche ; demain le souffle de Dieu emportera toutes ces splendeurs, toutes ces vanités, toutes ces orgies, tous ces vices. Les superbes cités dont on ne pouvait faire le tour en moins de trois jours, les jardins suspendus dans les airs, les remparts qui semblaient défier toutes les attaques, il faudra la science de l'archéologue pour en découvrir l'emplacement et la trace. Où trônaient les Sémiramis, les Nabuchodonosor, les Sardanapale, les bêtes féroces auront leurs cavernes et leurs repaires. Après ces grands cataclysmes sociaux, d'autres prodiges s'accompliront, les apôtres porteront la parole du Christ au sein de l'idolâtrie ; saint Thomas et saint Jude viendront prêcher l'Evangile dans la Chaldée et la Perse ; ils féconderont de leur sang le champ qu'ils ont foulé sous leurs pas, et leur mort sera un jour de triomphe pour l'Eglise. Au commencement du IV<sup>e</sup> siècle, saint Jacques recevra des ovations dans les églises de la Perse, et un évêque de cet empire aura son siège au premier concile de Nicée. Les jours d'épreuve renaîtront, l'hérésie et l'islamisme accompliront leur œuvre de destruction, mais la foi ne disparaîtra jamais complètement des contrées où elle a pénétré, et, aux jours de son affaiblissement, des missionnaires viendront la ranimer et l'étendre.

On pourra lire avec fruit, dans les *Annales de la Propagation de la Foi,* les lettres pleines d'intérêt que M^gr Coupperie a écrites à ce sujet. Nous ne nous attacherons qu'aux passages les plus saillants, laissant de côté tout ce qui a trait à l'histoire générale, et renvoyant le lecteur qui veut en faire une étude complète, à la source que nous venons d'indiquer.

Nous avons dit que, dès les premiers temps de l'ère chrétienne, l'Évangile avait été prêché dans la Perse, et qu'au commencement du IV^e siècle, le christianisme y était très prospère. Les grands progrès qu'il avait faits sous les rois Arsacides, ne furent pas de longue durée ; sous la dynastie des Sassanides qui leur succéda, commencèrent contre les chrétiens les plus cruelles persécutions. Sous le règne de Sapor II, elles furent telles qu'à sa mort, arrivée en l'an 380, la croix avait presque entièrement disparu de ses États.

Au cinquième et au sixième siècle, les hérétiques Nestoriens et Eutichéens, condamnés par l'Église et par l'État, préférèrent aller vivre parmi les païens, plutôt que d'abjurer leur erreur. Bien accueillis par les rois de la Perse, qui voyaient en eux les ennemis des empereurs, et par conséquent des alliés, ils s'emparèrent des anciennes églises catholiques, en construisirent de nouvelles et fondèrent des monastères. A la fin du V^e siècle, le patriarche de Séleucie et de Ctésiphon avait lui-même embrassé l'hérésie des Nestoriens, et son exemple avait entraîné presque toutes les églises catholiques. Les Nestoriens vécurent dans un état prospère jusqu'au milieu du VII^e siècle ; mais à cette époque, les Arabes, sous le commandement d'Omar, ayant envahi la Perse, s'attaquèrent tout d'abord à la religion chrétienne. Ce ne fut qu'à force d'argent et d'humiliations que ceux des chrétiens qui avaient échappé aux massacres, purent obtenir une sorte de tolérance pour l'exercice de leur culte ; ce ne fut qu'à l'aide de firmans qu'ils payèrent fort cher et qu'ils furent obligés de renouveler souvent, qu'ils se mirent à l'abri des vexations continuelles des pachas et des agents subalternes. Près de deux siècles se passèrent ainsi, les catholiques restant fort clairsemés au milieu des hérétiques.

Il faut arriver au XVIe siècle pour qu'un grand changement s'opère dans la Perse. Une dynastie nouvelle, celle des Saphis, étant montée sur le trône, donna naissance à un grand roi, nommé Schab-Abbas. Ce prince fixa sa résidence à Ispahan, dont il fit un séjour enchanteur. Il y appela les Arméniens qui arrivèrent en grand nombre à sa voix. Parmi eux se trouvaient des catholiques et des hérétiques. Liberté entière pour la célébration des cérémonies du culte, leur fut également accordée.

Au XVIIe siècle, les choses changèrent de face. Les missionnaires, aidés de jeunes Orientaux élevés à Rome, transportèrent dans ces contrées la foi dont ils étaient pénétrés. A leur voix, le catholicisme se releva, des églises se fondèrent, des patriarches, des évêques, des prêtres appartenant à ce culte, s'établirent dans presque toutes les grandes villes. Les habitants des campagnes ne résistèrent pas au mouvement, et l'on vit des villages entièrement peuplés de catholiques. Ce fut parmi les hérétiques que l'Église catholique recruta ses nouveaux adhérents. Malheureusement les firmans délivrés par les califes, demeurèrent entre les mains de chefs restés sourds à la voix des missionnaires, et l'Église catholique n'eut point d'existence légale. Un différend survenait-il entre un catholique et un hérétique, ce dernier se présentait devant le pacha avec son firman et obtenait gain de cause, à moins qu'à défaut du droit et de la justice, et poussé seulement par la soif du gain, le pacha ne frappât les deux parties contendantes. Cet état de choses constituait l'Église catholique dans un état d'infériorité matérielle, auquel il importait de remédier. Un autre abus venait l'atteindre dans son esprit. Les prêtres hérétiques ayant seuls des firmans pour l'administration du baptême et du mariage ainsi que pour les cérémonies funèbres, les catholiques, pour ces deux sacrements, étaient obligés de se servir de leur ministère. Le pape tolérait ce qu'il ne pouvait empêcher. D'ailleurs les catholiques et leurs prêtres étaient dans une grande indigence ; leurs églises dénuées de tout ornement étaient malpropres, et il y aurait eu imprudence, quand ils l'auraient pu, à les décorer richement, les musulmans étant toujours disposés à rançonner ceux d'entre eux auxquels ils supposaient quelque aisance.

L'usurpation de Thomas Koulikan détruisit presque de fond en comble la ville d'Ispahan. Si, sous la terrible révolution qui renversa la dynastie des Saphis, l'établissement de Jula qu'avaient fondé les chrétiens, disparut pour quelque temps, plus tard, il se releva de ses ruines. De douze cents maisons que comptait la capitale de la Perse, il n'en resta debout que cinq cents, toutes chétives et pauvres. Les Arméniens se dispersèrent, et les quelques catholiques romains qui y demeurèrent, furent privés de prêtres.

L'association de la Propagation de la foi, en apprenant tout ce qu'avait fait l'évêque de Babylone avec le premier argent qu'elle lui avait envoyé, et tout ce qui lui restait encore à faire, lui fit passer successivement plusieurs sommes plus importantes. Ces secours lui permirent d'achever les œuvres qu'il avait commencées et d'en entreprendre de nouvelles. Il s'empressa tout d'abord d'envoyer un missionnaire à Ispahan. Après avoir réchauffé la foi un peu attiédie des catholiques de cette ville, ce prêtre visita Téhéran, résidence du souverain. C'était un bon religieux arménien, plein de zèle et de sagesse. — Dieu bénit ses travaux, écrivait Mgr Coupperie. — Bien accueilli par un gouvernement tolérant et par plusieurs négociants qui faisaient commerce avec différentes villes de l'Asie, il avait sa demeure dans la maison de l'un d'eux, et s'y était construit une petite chapelle où il disait la messe et où il célébrait les autres offices religieux. Les hérétiques arméniens ne lui inspiraient aucune crainte, les catholiques jouissant, auprès de l'autorité, d'une considération qu'ils ne pouvaient pas contre-balancer.

L'évêque de Babylone donnait à son prêtre les meilleurs conseils ; il l'exhortait surtout, pour rendre sa mission fructueuse, à user de prudence et de charité. Cette conduite était propre à entretenir de bons rapports entre lui et les ambassadeurs européens qui, pour la plupart catholiques, s'adressaient à sa personne pour en recevoir les secours de la religion, ainsi qu'avec ceux des commerçants de Téhéran qui appartenaient au même culte,

Des prédications tout évangéliques ramenaient aussi dans la bonne voie quelques Arméniens schismatiques ; enfin le nom du Christ était glorifié et son règne s'étendait tous les jours davantage.

Dans les provinces adjacentes, les chrétiens catholiques se trouvaient en bienplus grand nombre que dans la Perse proprement dite. C'étaient des Chaldéens réunis depuis longtemps à l'Église latine. Dénués de tout, tourmentés de mille façons, ils étaient les plus malheureux chrétiens de toute la terre. Quand ils ne pouvaient pas payer les impôts dont ils étaient accablés, non seulement les musulmans les maltraitaient, ils allaient jusqu'à leur enlever leurs femmes et leurs enfants dont ils faisaient des esclaves. Mgr Coupperie, pour le salut de leur âme et le soulagement de leur corps, fonda à Téhéran une maison de mission chargée de pourvoir à leurs besoins, et de faire rayonner au loin la consolante pensée que ceux qui souffrent sur la terre auront leur récompense dans le ciel.

L'argent qui lui restait fut employé à retenir près de lui un jeune prêtre qu'il venait d'ordonner — le seul qui pût le remplacer en cas de mort ou de maladie, — à secourir des prêtres et des évêques dans le besoin, à pourvoir quelques églises d'ornements indispensables à l'exercice du culte, à soutenir enfin les écoles qu'il avait créées à Bagdad.

Pour ramener les Nestoriens à l'Église romaine, des missionnaires se préparaient à pénétrer dans les montagnes du Kurdistan. L'évêque de Babylone voulut juger par lui-même des ressources qu'offrait ce pays au point de vue spirituel. Dans les derniers mois de l'année 1827, il se mit en route pour faire une visite épiscopale dans son vaste diocèse.

En partant de Bagdad, Mgr Coupperie se dirigea vers le Nord et parcourut, pendant plus de cent lieues, une plaine située entre le Tigre et les montagnes du Kurdistan et de la Perse. Ce pays n'est pas un désert, mais la population s'y trouve bien clairsemée. Et pourtant les terres sont loin d'être stériles comme celles de l'Arabie. Pour les féconder, il suffirait que le soc de la charrue en labourât le sol.

Partout, sur son passage, l'évêque de Babylone trouva des monuments en ruines qui attestaient que le christianisme avait été très répandu dans ces contrées ; partout, à la place des grandes cités, croissaient des ronces que la main devait écarter pour que l'œil en cherchât quelques débris. Il en est pourtant qui restent encore debout et qui semblent avoir bravé les outrages du temps et du vandalisme. C'est d'abord Korkouk, l'ancienne Seleucie Elimaïde, bâtie au temps de Seleucus Nicator. Cette ville ne compte pas plus de quinze ou vingt mille habitants, au nombre desquels trois mille catholiques, tous Chaldéens. On y remarque une grande église construite au IV° siècle. Elle renferme les ossements d'un grand nombre de martyrs victimes de la persécution de Sapor. A deux journées de là, se trouve la ville d'Arbèles, si pleine de souvenirs historiques. Dès les premiers siècles de l'ère chrétienne, les apôtres y vinrent prêcher l'Évangile. Les princes du pays furent les premiers à embrasser le christianisme. Leurs sujets les imitèrent. Arbèles devint une métropole de l'église d'Orient, et son évêque y tint un des premiers rangs. En 1827, il ne s'y trouvait plus de chrétiens. Ceux qui avaient habité cette ville, restés tous catholiques, s'étaient retirés non loin de là, dans un village nommé Encasa ; ils étaient deux mille environ. A vingt lieues plus loin, sur la rive droite du Tigre, s'élève Mossoul, résidence d'un pacha. Dans une population qui pouvait s'élever à soixante mille âmes, Msr Coupperie trouva douze ou quinze mille chrétiens partagés en catholiques, Chaldéens et Syriens, et en hérétiques jacobites, les premiers bien plus nombreux que les seconds. Les uns et les autres ont leur évêque particulier. On y voit huit églises dont six portent le caractère de la plus ancienne architecture. Deux, qui paraissent d'une construction plus récente, sont, dit-on, l'œuvre d'un pacha. Assiégé dans Mossoul par Thomas Koüli-Kan, le pacha aurait promis de les édifier *à la Très Sainte Vierge Marie*, si le tyran était repoussé loin de ses murs. Ses vœux furent exaucés, et le pacha, fidèle à sa promesse, fit bâtir les deux temples [1]. Toutes ces églises avaient besoin de grandes réparations, mais l'autorité musulmane ne consentant à les faire qu'à la condition de fortes contributions qu'il se trouvait dans l'impossibilité de payer, l'évêque de Babylone, qui en avait eu d'abord la pensée, dut renoncer à son projet. Sur l'emplacement qu'avait occupé Ninive, Mgr Coupperie trouva des plaines fertiles, des champs couverts de belles récoltes. Détruite de fond en comble, six siècles avant J.-C., cette ville immense ne présenta à ses yeux que des briques et des débris de vases presque réduits en poussière ; il n'y vit rien qui pût fixer son attention. Deux statues, trouvées quelque temps auparavant par des Arabes, avaient été brisées par les fidèles sectateurs de Mahomet, comme des idoles qu'il fallait détruire ; leurs débris mêmes avaient disparu. De tout ce passé, il ne put recueillir qu'une brique sur laquelle se trouvait une inscription que ni lui ni personne de sa suite ne purent déchiffrer. D'autres caractères hiéroglyphiques et *une écriture formée de petits caractères assez serrés et très soignés,* lui furent tout aussi énigmatiques. « Des ruines, dit Mgr Coupperie, et

[1] La dévotion des Mulsumans envers la Très Sainte Vierge est moins rare qu'on ne se le figure.

Il y a un ou deux ans, lors de la dernière peste de Bagdad, les Musulmans ayant remarqué que les chrétiens étaient épargnés à la suite d'un vœu et de prières faites à la Sainte Vierge, envoyaient leurs femmes dans les églises chrétiennes, pour prier à l'autel de la Sainte Vierge. Dans notre pays, cela eût amené des conversions; en plein islamisme, il n'en résulta que la colère des Musulmans qui disaient que les chrétiens leur avaient volé la protection de la mère d'un de leurs grands prophétes, Aïssa (ou Jésus).

Pendant la guerre, nous avons soigné à l'ambulance de la Carterie, un kabyle, nommé Amarou Chil. C'était un Hadji (les prêtres catholiques arméniens prennent dans le diocèse de Brousse et ailleurs, sans doute, le nom d'Hadji qui remplace celui d'abbé en français), c'est-à-dire un homme ayant fait le pèlerinage de la Mecque. Il dîna à la maison, la veille de son départ. A la fin du dîner, il se leva et me demanda si je n'avais pas, parmi mes filles, une Mariamne, nommée ainsi du nom de la mère d'Aïssa ; je la lui montrai. — Je ne possède, me dit-il, que mon chapelet de la Mecque, permets-moi de le lui donner. (Note de M. le docteur Viaud-Grand-Marais).

« toujours des ruines, affligent l'œil du voyageur, et à la place des
« vertus de l'Evangile, vous ne voyez que les pratiques superstitieuses
« de l'Islamisme, ou la stupidité animale d'une population errante
« qui vit sans foi et l'on peut dire sans Dieu. » Il s'y trouve pourtant
quelques chrétiens ; M<sup>gr</sup> Coupperie mentionne : *Cinq ou six beaux
villages, tous peuplés de chrétiens Syriens et Chaldéens ; égarés
autrefois dans le sentier de l'hérésie, ils sont soumis à l'Eglise
depuis cinquante ou soixante ans.* On y observe encore les Nini-
vites, c'est-à-dire un jeûne datant du VI<sup>e</sup> siècle, institué par
un patriarche chaldéen nommé Ezéchiel, pour soustraire un village qui s'élevait alors sur les ruines de Ninive, à la peste qui
désolait l'Assyrie. M<sup>gr</sup> Coupperie pense que le mont Ephéphaïs,
situé à six ou sept lieues de Ninive, fut la première étape où s'arrêta Jonas en sortant de cette ville. De tout temps, ce lieu a été
très respecté des chrétiens ; aujourd'hui encore il est l'objet d'une
vénération traditionnelle. On y avait élevé un monastère à saint
Mathieu qui fut martyrisé pendant la persécution du roi Sapor.

Au point de vue de la science, le voyage de l'évêque de Babylone
n'offre qu'un médiocre intérêt. « Si l'on voulait creuser, se contente-
« t-il de dire, il paraît que l'on pourrait trouver quelque chose qui
« fût capable de piquer la curiosité. »

Les fouilles faites depuis ont mis à découvert des richesses
archéologiques sans nombre. Ninive et les villes de la Mésopotamie
que l'on ne connaissait plus que par leur nom, exhumées du tombeau,
d'abord par MM. Botta et Layard, quelques années après par
MM. Charles Rasam, Fresnil, Thomas, Oppert, Place et bien d'autres,
ont offert, à l'œil du voyageur étonné, des palais, des statues, des
médailles, des bas-reliefs, témoignages certains de la plus antique
civilisation. Ces fouilles ont déjà enrichi bien des musées ; elles ne
sont pas finies, et ceux qui les poursuivent y trouvent tous les
jours de nouveaux trésors.

A quelques kilomètres de Ninive, on aperçoit un village nommé
Jonas. Les Musulmans prétendent que le corps du prophète a été
enseveli dans la voûte de son église. Ils montrent aussi une pierre

rouge dont le contact guérit les rhumatismes, et qu'en conséquence
ils conservent comme un trésor. Cette pierre, disent-ils, fut
vomie par la baleine en même temps que Jonas. La vérité est que
ce village tient son nom de Jonas, disciple de saint Eugène, qui,
au IVe siècle, y bâtit un couvent, et non du prophète Jonas.

En quittant Mossoul, Mgr Coupperie traversa plusieurs grands
villages peuplés de catholiques ; il y fut accueilli avec de grandes
démonstrations de joie. Très soumis aux lois de l'Eglise romaine,
leurs habitants n'étaient pas toujours libres dans l'exercice de leur
religion ; ils avaient souvent à se plaindre des tracasseries sans
nombre que leur faisaient éprouver les Musulmans.

De là, l'évêque de Babylone se rendit à Alcoche où il reçut l'hos-
pitalité de l'archevêque chaldéen, dont la famille est en possession
du patriarchat de la province depuis plusieurs siècles.

Alcoche est une ville très vénérée en raison des souvenirs qu'elle
rappelle. On y trouve le tombeau du prophète Nahum, ainsi que
celui de sa sœur Anne. Dans la belle saison, les juifs y viennent en
pèlerinage. Le patriarche d'Alcoche s'était converti à l'Eglise romaine; mais, bien que l'évêque de Babylone l'eût recommandé au
Saint-Père, il n'avait pas encore reçu le pallium, ni les préroga-
tives attachées à la dignité dont il était revêtu. Sur la proposition
qu'il lui en fit, ce prélat accompagna Monseigneur Coupperie dans
sa tournée épiscopale ; ils se dirigèrent ensemble sur l'ancienne
Amida, aujourd'hui Diarbek. C'est dans cette ville, et dans une
petite localité voisine, dite Accarie, que s'étaient retirés les restes
du Nestorianisme; ses anciens sectateurs s'y trouvaient en assez
grand nombre. L'évêque de Babylone les vit de près, et fut surpris
de leur bonnes dispositions. Accueillis par eux avec le plus grand
respect, il put se convaincre qu'ils détestaient Nestorius et avaient
rayé son nom de leurs livres ; un seul de leurs prêtres lui parut
être resté attaché à l'hérésie.

Ce n'étaient donc pas leurs doctrines qui les tenaient éloignés
de l'Eglise romaine, c'était bien plutôt l'ignorance et les préjugés. — Pourquoi ne vous réunissez-vous pas aux Chaldéens catho-

liques qui sont vos frères? leur disait l'évêque. — Parce que vous autres, catholiques, vous fumez la pipe le jour du dimanche, ce qui est un grand péché. — Comme ils se montraient très scandalisés de voir servir de la viande à M<sup>gr</sup> Coupperie, celui-ci respecta leurs scrupules et se contenta d'abord d'aliments maigres ; mais après une conversation qu'il eut avec eux, il les laissa si bien convaincus que la chose était permise, qu'un de leurs prêtres fut un des premiers à lui en apporter pour son repas. Ce prêtre suivait, dans ses pratiques religieuses, des errements qui s'éloignaient beaucoup du culte catholique ; il ne disait la messe que cinq ou six fois l'an, et dans son livre de liturgie, ne se trouvaient point les paroles de la consécration. Dans un autre village, les habitants communiaient deux fois chaque année, sans jamais approcher du tribunal de la pénitence, leur prêtre disant que la confession n'était pas indispensable. Ces pauvres gens n'en étaient pas moins sincères dans leur foi, et ne mettaient pas grand entêtement à persister dans leur erreur. Ils se montrèrent, en effet, très disposés à suivre les conseils que leur donna l'évêque de recevoir le sacrement de la Pénitence avant celui de l'Eucharistie.

M<sup>gr</sup> Coupperie ne manqua pas de faire visite au pacha d'Amida qui le reçut très bien, et lui offrit, dans son palais, l'appartement qu'occupait ordinairement son fils, absent pour le moment. Le pacha est indépendant du sultan, et la dignité dont il est revêtu est héréditaire dans sa famille. Il donna, dans son divan, plusieurs audiences au prélat, et, bien qu'on l'eût averti qu'il pouvait être imprudent de parler du Saint-Père, M<sup>gr</sup> de Babylone ne craignit pas de dire qu'il était un de ses évêques, et que c'était en cette qualité qu'il faisait une visite pastorale. Le pacha n'en parut nullement blessé et lui adressa les paroles les plus gracieuses : « Vous êtes l'envoyé du « pape, lui dit-il, eh bien, je voudrais que tous les chrétiens de mes « États pensassent comme vous. J'aime beaucoup l'archevêque chal-« déen qui vous accompagne ; je vais donner l'ordre aux prêtres « des chrétiens et aux chefs des villages de vous obéir, en matière « spirituelle, s'ils ne veulent pas encourir toute ma sévérité. Dans

« la prévision de différends qui pourraient s'élever entre eux, en-
« voyez-leur, je vous prie, une règle de Bagdad ; je vous réponds
« qu'elle sera suivie exactement [1]. » Il lui promit enfin de faire
tout ce qui pourrait lui être agréable.

Surpris, au delà de toute expression, d'un accueil si bienveillant,
Mgr Coupperie remercia le pacha en lui disant qu'il voulait n'avoir
d'autre arme que la persuasion et ne recourir jamais à la force. Il
ajouta qu'il ne pouvait s'expliquer cette réponse qu'il recevait
souvent de ceux auxquels il donnait des conseils : « Si mon souverain apprend que je veux me faire FRANC, il me punira. » Le pacha
lui affirma que c'était une affreuse calomnie dont il châtierait les
auteurs s'il les connaissait. Avant de se séparer de l'évêque, il lui
répéta encore qu'il l'autorisait à publier dans ses États, que tous
les chrétiens devaient à l'évêque de Babylone obéissance au spirituel. Fort de cette autorisation, Mgr Coupperie composa une profession de foi et une règle dont il confia l'exécution à l'archevêque
chaldéen. Quelques mois après, tous les Chaldéens qui se trouvaient
dans les environs d'Amida, étaient complètement réconciliés avec
l'Eglise.

Mgr Coupperie eût bien voulu pénétrer dans les contrées situées
plus au nord où se trouvaient encore quelques évêques nestoriens.
Arrêté par les froids qui se faisaient déjà vivement sentir, il se
borna à écrire à l'un d'eux dont il reçut, par l'entremise de l'archevêque chaldéen, une réponse très satisfaisante.

L'évêque de Babylone regretta beaucoup d'avoir été arrêté dans
sa marche, parce que, à côté des villages nestoriens et musulmans, il
eût rencontré des villages devenus catholiques par la prédication
des missionnaires de la Propagation de la foi. Une tournée pastorale
dans ces contrées pouvait être d'autant plus fructueuse, que les
populations qui les habitaient étaient en général morales et intelli-
gentes. Les arts mêmes ne leur étaient pas étrangers. L'architecture
de leurs églises avait un caractère remarquable ; beaucoup savaient
lire et écrire, et, aux offices, accompagnaient leurs chants avec des

[1] Annales de la Propagation de la foi.

instruments de musique. Tous paraissent désireux de s'instruire, et, sous l'influence bienfaisante de l'Evangile dont chaque jour on leur faisait une lecture, les grands principes de l'humanité se greffaient dans leur cœur ; ils avaient également fait de notables progrès dans l'industrie. On trouvait chez eux de grosses étoffes en laine et en poils de chèvre qui leur servaient à se faire des vêtements. Ils avaient sans doute beaucoup à faire encore pour arriver à une civilisation avancée, mais le germe en était dans les âmes, et ne demandait, pour se développer, qu'une direction attentive et intelligente.

A défaut d'une visite devenue impossible, M<sup>gr</sup> Coupperie et l'archevêque chaldéen résolurent de leur envoyer des prêtres qui, par leur parole et l'exemple d'une vie irréprochable, les ramèneraient à l'Eglise. L'opinion du pays paraissant favorable à la France, et les prêtres français étant plus instruits que les prêtres indigènes, ils décidèrent qu'un missionnaire de cette nation serait adjoint à ces derniers.

A leur retour à Mossoul, les deux prélats reçurent du pacha le même accueil qu'à leur arrivée ; par ses soins, un kellek fut construit pour eux et leurs compagnons de voyage. Le kellek est une sorte de radeau que des outres pleines d'air et placées au-dessous, maintiennent à la surface de l'onde ; il peut, sans enfoncer, porter un poids considérable. Placés sur ce transport, les voyageurs descendirent le Tigre dans une longueur de quatre-vingts lieues. Les bords du fleuve n'offrirent à leurs regards que ruines et destructions ; partout on y trouve les traces qu'ont laissées les guerres des Perses, des Romains, des Tartares et celles, plus accusées encore, des Musulmans. Le pays est peu sûr ; des brigands, connus sous le nom de Bédouins, le parcourent en bandes, dévalisant tous ceux qu'ils rencontrent.

Arrivé devant Tagrit, M<sup>gr</sup> Coupperie fit halte, pour visiter l'ancienne cité de l'église syrienne restée célèbre dans ses annales. Aujourd'hui ce n'est plus qu'un méchant village où l'on ne trouve pas une seule famille chrétienne ; de nombreuses ruines y portent le deuil d'un passé florissant ; partout le Croissant y remplace la Croix, et, à la place de l'église des quarante martyrs, se dresse une mosquée. Le nom de Martyropolis qu'elle porte est bien celui qui lui convient. Deux évêques, seize prêtres, neuf diacres, six moines et sept vierges y furent martyrisés.

Lorsque, après avoir été sacré à Paris, M<sup>gr</sup> Coupperie quittait cette orgueilleuse cité pour porter aux infidèles la parole de Dieu, il ne se doutait guère qu'il laissait derrière lui les germes d'une barbarie bien plus grande encore que celle qu'il allait combattre. Qui donc pouvait supposer alors qu'à un demi-siècle de là, Paris aurait aussi ses saints martyrs, et que la ville entière n'échapperait que par miracle à une destruction complète ? Hélas ! quelles destinées lui réserve l'avenir ? N'arrivera-t-il pas un jour où, comme sur les bords de l'Euphrate, le voyageur cherchera, sur les rivages de la Seine, les ruines de la moderne Babylone ? Plus heureux que ne le furent plus tard les savants envoyés en Mésopotamie par M. Léon Faucher, M<sup>gr</sup> Coupperie rentra à Bagdad, sans que son kellek éprouvât aucun accident.

On pouvait craindre que les démêlés survenus entre la Perse et la France, démêlés suivis du départ de notre ambassadeur, ne créassent de grandes difficultés au consul de Bagdad. Il n'en fut rien pourtant ; homme de paix et de caractère facile, le pacha continua à avoir pour sa personne les plus grands égards, à lui accorder la même protection que par le passé. Mais cette protection ne pouvait pas s'étendre sur les campagnes. Abandonnées aux déprédations et aux brigandages des Bédouins, elles étaient peu sûres, et celui qui les parcourait n'y faisait pas toujours des promenades d'agrément. M<sup>gr</sup> Coupperie en savait quelque chose ; plus d'une fois, il avait fait la rencontre de voleurs, heureux encore de n'avoir pas eu affaire à des assassins. Le 4 juillet 1829, il écrivait à son frère : « J'ai été arrêté par trois fois dans mes différents voyages, « cependant mes pertes ont été assez légères. Dans une de ces cir- « constances, pendant qu'on dépouillait ma petite caravane, j'étais « tranquille sur mon cheval, regardant ce qui se passait. Alors je

« vis venir à moi un de ces voleurs, il me dit : Je sais que vous
« avez de très bonnes bottes, et vous voyez que les miennes sont
« fort mauvaises ; ainsi il faut que vous changiez avec moi ; mais ne
« vous dérangez pas, restez à cheval, je mettrai les vôtres à la place
« des miennes. Quand je l'entendis parler d'une manière si aimable,
« j'allongeai mes jambes, il fit tout ce qu'il voulut, il prit les
« miennes, me donna les siennes et me dit : Bon voyage, portez-
« vous bien. Mais, dans la compagnie, tout le monde n'en fut pas
« quitte à si bon marché [1]. » Mgr Coupperie ne nous dit pas si, avant
de le quitter, ce voleur si bien élevé ne lui demanda pas sa béné-
tion.

Mgr Coupperie a également laissé des notes sur d'autres ruines et
d'autres villes de la Mésopotamie. C'est d'abord Babylone dont le
nom a été donné au diocèse dont il était évêque.

Tout a été dit sur cette capitale de l'empire de Nemrod. De ses
magnificences passées, il reste, à une de ses portes, un petit village
du nom de Helloh que Mgr Coupperie visita, parce qu'il savait que
plusieurs familles chrétiennes y avaient établi leur résidence. Au
milieu des décombres de cette immense cité, autrefois regorgeant
de vices, il chercha vainement les traces du palais sur les murs
duquel Balthazar avait lu sa terrible sentence. Il ne reste rien non
plus des cent portes d'airain, rien du temple de Bélus, rien des
jardins suspendus, rien des murailles flanquées de trois cent cinquante tours, rien de toutes ces merveilles dont il a été tant parlé
dans l'histoire. A leur place, des terrains incultes ; au lieu où les
souverains étalaient un luxe effréné, des animaux timides qui fuient
à l'approche de l'homme. Les habitants des villages voisins, dans
leur terreur superstitieuse, ne veulent pas se hasarder la nuit au
milieu de cette plaine, hantée par des esprits démoniaques, où des
voix confuses se font entendre.

Si les superbes monuments des siècles antiques ne frappent plus

[1] Ce passage, ainsi que plusieurs autres que l'on trouvera dans cette notice, sont
extraits de lettres inédites de Mgr Coupperie dont nous devons la communication à
l'obligeance de M. le docteur Viaud-Grand-Marais.

le regard, la science de l'archéologie y trouve, dans ses fouilles, une mine inépuisable. M<sup>gr</sup> Coupperie en rapporta des médailles, le plus grand nombre à l'effigie d'Alexandre, quelques-unes à celle de ses successeurs ; il trouva partout des briques, des excavations souterraines qui servent de refuge aux bêtes fauves, des charpentes en bois de palmier recouvertes de roseaux, d'autres débris échappés à la main de l'homme et à la faux du temps. Les ruines les mieux conservées sont à droite de l'Euphrate, à deux lieues de ce fleuve. On y voit encore les restes d'une large tour dont chaque jour détache une pierre, et qui ne tardera pas à disparaître. Les indigènes de cette contrée sont les plus ignorants des hommes, et pas un d'eux ne connaît un mot de l'histoire du pays qu'il habite. Depuis la captivité des Israélites à Babylone, il y a toujours eu des juifs dans les provinces environnantes. Des milliers sont disséminés dans la Mésopotamie, l'Assyrie et la Perse ; ils sont nombreux à Bagdad. A cinq ou six lieues de Helloh, se trouve le tombeau du prophète Ezéchiel. Les juifs l'ont en grande vénération et y font, chaque année, un pèlerinage. M<sup>gr</sup> Coupperie, à son grand regret, se trouva dans l'impossibilité de le visiter. Pour s'y rendre sans danger, il lui aurait fallu une escorte considérable qui aurait nécessité des dépenses au-dessus de ses ressources [1].

Orfa, l'ancienne Edesse, lui rappela d'aussi tristes et d'aussi glorieux souvenirs. Depuis la prédication des apôtres jusqu'au temps de Nestorius et d'Eutychès, cette ville fut le siège d'évêques catholiques. C'est là qu'à vécu et qu'est mort saint Ephrem dont on montre encore le tombeau ; c'est là que sont tombés, victimes de leur foi, de grands et saints martyrs. Après que l'hérésie y eut pénétré, presque tous les évêques furent Monophysites ou Jacobites. Ce fut le chef des Eutychéens de la Syrie et de la Mésopotamie, le grand en-

[1] Au mois de mai 1853, ce tombeau a été visité par M. Jules Oppert qui nous en a laissé la description. C'est un grand cénotaphe ayant deux mètres de hauteur, presque autant de largeur et trois de longueur. Il est construit en bois de citronnier et d'ébène, orné de tapis et de rideaux. D'après M. Oppert, rien ne prouve que le corps du prophète ait jamais reposé dans ce monument, qui ne serait alors qu'un cénotaphe, comme nous venons de le dire.

nemi du concile de Chalcédoine, Jacques ou Jacob Zanzale, qui, au
VI⁰ siècle, donna son nom à cette dernière secte.

Dans les premiers temps de l'ère chrétienne, Edesse possédait
de célèbres écoles d'où sortirent de saints et savants docteurs ; ce
foyer de lumières projeta au loin ses rayons. Malheureusement les
discussions scolastiques firent naître dans leur sein une contro-
verse dans laquelle les erreurs de Nestorius et d'Eutychès trouvèrent de nombreux adhérents ; la ruine des écoles s'ensuivit. A partir du VI⁰ siècle, il n'en est plus question. Edesse donna naissance
à l'évêque Ibbas, protecteur des Nestoriens, dont les écrits condamnés par le cinquième concile général jetèrent tant de troubles dans
l'Église¹. Au milieu du VII⁰ siècle, elle tomba au pouvoir des Sar-
rasins et prit le nom d'Orfa. A la fin du XI⁰, Baudouin, frère de Go-
defroi de Bouillon, s'en empara et y fonda une principauté qui jeta
quelque éclat. Trente ans après, elle retomba entre les mains des
Turcs dans lesquelles elle est restée depuis. Cette ville a encore
son importance ; ses habitants et ceux des environs sont très redoutés
des chrétiens dont ils ne respectent guère les firmans et les passe-
ports, bien que délivrés par les autorités musulmanes. C'est la seule
ville un peu considérable de la Mésopotamie où l'on ne voit point
d'église. Ses marchands qui, en grand nombre, appartiennent au
culte catholique, y vivent sans pouvoir l'exercer.

Nisibe, autrefois Achad, mérite aussi de vivre dans la mémoire
des chrétiens. Quand elle ouvrit ses portes à Sapor, ses habitants
emportèrent avec eux, en quittant la ville, les reliques de saint

---

¹ Ibbas était revenu à l'orthodoxie. Quelque temps après sa réconciliation avec
l'Eglise, il fut accusé par son clergé de plusieurs crimes dont il n'était point cou-
pable. Dans des assemblées tenues à Tyr et à Béryte, il fut reconnu que ces accu-
sations n'étaient pas fondées ; ce qui n'empêcha pas qu'en 449, le conciliabule
d'Ephèse le condamna et le déposa. Il ne tarda pourtant pas à être rétabli sur son
siège. Près de cent ans après sa mort, en 553, Théodore, évêque de Césarée, con-
seilla à Justinien de faire condamner par le concile général tenu à Constantinople,
une lettre qu'aux jours de son erreur, Ibbas avait écrite à un Persan, nommé
Maris, lettre dans laquelle il blâmait son prédécesseur d'avoir condamné Théodore,
évêque de Mopsueste. La condamnation que prononça le cinquième concile général
fut la cause d'un nouveau schisme.

Jacques, leur évêque. Saint Jacques avait assisté au concile de Nicée ; il ne s'était pas contenté de travailler à la propagation de la foi ; lors du premier siège de Nisibe, en 778, il avait déployé, à la défense de la ville, le plus grand courage. On y trouve encore une vaste église sous le vocable de ce saint [1]. Le Nestorianisme s'y implanta et, jusqu'au XVIe siècle, ce fut dans cette secte qu'elle recruta ses évêques. Les disciples de saint Antoine avaient bâti sur une montagne, non loin de la ville, un monastère qui acquit une grande célébrité ; au Ve siècle, il tomba aux mains des Nestoriens qui en firent une maison de scandale et de désordre. Un évêque intrus s'y maria avec une religieuse : à côté de ces mauvais exemples, on pourrait en citer de fort édifiants : une foule de martyrs que la crainte des supplices ne put effrayer y moururent dans la plénitude de leur foi.

Nisibe ne s'est point relevée de sa chute ; à la fin du VIIe siècle, elle tomba au pouvoir des Arabes : aujourd'hui ce n'est plus qu'un pauvre village.

En se rendant d'Edesse à Nisibe, l'évêque de Babylone passa à côté de la ville de Harran. La tradition qui, dans ce pays, semble ne jamais se perdre, s'attache principalement à Abraham. Les récits qu'en font les habitants ressemblent beaucoup à ceux qu'on lit dans la Bible. Ajoutons que les femmes et les jeunes filles qui venaient à la fontaine du lieu, portant des cruches sur leurs épaules, rappelèrent à Mgr Coupperie le souvenir de Rebecca. Il y fit, avec sa caravane, une station de vingt-quatre heures.

La manière dont les habitants font cuire leur pain rappelle aussi

---

[1] L'église, telle qu'elle subsiste aujourd'hui, se compose de deux corps de bâtiments, l'un ancien, l'autre nouveau, et qui sont unis ensemble. Une partie semble très ancienne : elle est bâtie en forme de croix, avec une coupole au milieu, formée par des pendentifs. La décoration, composée de pampres et de guirlandes de vigne, ne manque pas de goût. Malheureusement le niveau du sol à l'extérieur est plus élevé que celui de l'intérieur, de sorte qu'une grande partie du dehors est cachée par la terre ; d'un côté, on voit une inscription grecque d'origine chrétienne ; à l'intérieur, les murs sont barbouillés d'inscriptions syriaques de peu d'importance, ainsi que de légendes arabes très modernes. (Jules Oppert).

la composition de ceux dont parle Ezéchiel ; à défaut de bois, ils se servent de matières fécales desséchées ; et, comme ils n'y mettent pas de grands soins de propreté, cette matière qu'ils empruntent à la race bovine, comme on le fait dans le marais de la Vendée, se trouve souvent mélangée avec le pain. S'il n'en jugea pas au goût, M<sup>gr</sup> Coupperie put s'en assurer à la vue.

L'évêque de Babylone n'avait pas besoin de faire une longue excursion pour trouver les ruines de Ctésiphon. C'est avec ses débris et ceux de Séleucie qui n'en est séparée que par le Tigre, qu'au VIII<sup>e</sup> siècle, Bagdad fut bâtie ; sur l'emplacement qu'elle occupait, M<sup>gr</sup> Coupperie vit des vases brisés, mais il n'eut point connaissance qu'on y eût trouvé des médailles. On aperçoit encore les restes d'un temple dédié au soleil, et les traces des murailles qui entouraient la ville. Ctésiphon a perdu jusqu'à son nom ; le petit village qui a été bâti sur ses ruines, s'appelle aujourd'hui Soliman Fach, du nom du barbier de Mahomet; il y vint mourir, et, à l'endroit où il fut enterré, on a élevé une mosquée.

M<sup>gr</sup> Coupperie croit que la ville de Rehobohot n'est pas autre que l'ancienne Arbèles. Le christianisme y pénétra de bonne heure sous les pas d'un de ses plus grands saints, saint Jérôme. Quand les rois de Perse firent de cette ville, un vaste cimetière où tant de martyrs chrétiens furent ensevelis, les temples érigés en l'honneur du vrai Dieu y étaient nombreux ; ils furent tous détruits par leurs mains. Rehobohot eut des évêques jusqu'au XVI<sup>e</sup> siècle : Renversée par les Arabes musulmans et les Tartares, cette ville n'a point repris son ancienne splendeur ; elle compte maintenant dix à douze mille habitants parmi lesquels quelques chrétiens seulement. Dans les environs, plusieurs villages en sont entièrement peuplés, tous vivent dans la plus grande pauvreté. M<sup>gr</sup> Coupperie s'agenouilla dans la vieille église d'Encasa, située aux portes de la ville ; elle est pleine d'ossements ayant probablement appartenu à de saints personnages. Il eut l'idée d'en extraire quelques-uns du sol pour en faire des reliques ; mais il fut retenu par la pensée que l'hérésie des Nestoriens ayant longtemps dominé à Rehobohot, les ossements de ceux qui étaient morts fidèles à la foi catholique, pouvaient bien se trouver confondus avec les ossements de ceux qui s'en étaient écartés, et qu'il s'exposerait à recueillir les derniers.

Encore deux grandes villes, Kali et Resen, que mentionne la Genèse et dont la science cherche l'emplacement. Ces palais somptueux, ces habitations princières dont parle l'histoire, ont fait place à un désert qu'à moins de s'exposer à mourir de faim, on ne peut parcourir, sans s'être au préalable muni de substances alimentaires. Mgr Coupperie aperçut des flammes qui s'élevaient du sol et qui provenaient, lui dit-on, des subtances sulfureuses dont il est composé en grande partie, à côté c'étaient des puits pleins d'une huile qui paraît être le fameux pétrole dont le nom a acquis une si triste célébrité. Des ouvriers donnèrent au prélat la preuve de sa grande combustilité : ayant jeté une allumette enflammée dans un puits, il en sortit aussitôt une flamme rouge qui s'éleva comme du cratère d'un volcan, jusque dans les nuages. D'après Mgr Coupperie son exploitation remonterait à la plus haute antiquité et aurait eu lieu du temps d'Alexandre auquel on donna le même spectacle. Nul pays ne doit être plus cher aux numismates ; on y trouve beaucoup de médailles, quelques-unes en or, la plupart en argent ou en cuivre ; les femmes s'en font des colliers.

Le mahométisme règne à peu près exclusivement dans ces contrées où l'on rencontre pourtant encore des adorateurs du Soleil, des Manichéens et des jézides, beaucoup n'appartiennent à aucun culte et vivent dans une ignorance si complète de toute doctrine religieuse qu'un kurde fit cette réponse à un Anglais qui l'interrogeait sur sa religion : « Notre tribu ressemble plus aux Francs qu'aux Mahométants, parce « que nous mangeons du cochon, nous ne jeûnons point et nous ne « prions jamais. »

En poursuivant sa marche, Mgr Coupperie trouva pourtant des chrétiens catholiques romains, dont la foi a résisté à toutes les persécutions et ne s'est pas affaiblie en passant à travers les âges. La misère de ces malheureux est au delà de tout ce que l'on peut dire. Ils ont des églises, mais leurs prêtres manquent souvent de pain et d'habits sacerdotaux. M<sup>gr</sup> Coupperie pourvut, autant qu'il le put, aux besoins des temples et des pasteurs. Grâce à lui, les églises eurent les vases et les ornements indispensables à la célébration du culte ; grâce à lui, les prêtres eurent des vêtements sacerdotaux.

Toutes les visites dont nous parlons ne se firent pas dans une seule tournée épiscopale. Rien ne pouvait ralentir l'ardeur de l'évêque de Babylone, et, malgré le peu de sûreté des routes, il continuait à parcourir son diocèse et à y prêcher l'Evangile. Le 8 septembre 1870, il écrivait à son frère : « Il y a peu de temps que je suis arrivé à « Babylone ; c'est une ville qui est à cent lieues de Bagdad, en des-« cendant le Tigre et près du golfe Persique. Nous avons là des « chrétiens catholiques et une église, fondée il y a deux siècles. Je « dois des soins à cette mission et je suis allé la visiter. La divine « Providence m'a délivré de plusieurs dangers qui se sont rencon-« trés sur la route : vraiment ceux qui voyagent dans ce pays, pour « leur plaisir, sont bien insensés. »

La guerre avait éclaté entre les pachas de la Mésopotamie et ceux de l'ancienne Assyrie ; elle s'y faisait d'une manière atroce. Chaque parti ayant appelé à son aide les Kurdes des montagnes et les Arabes du désert, les bandits, le fer et le feu à la main, promenaient partout le meurtre et l'incendie. Les chrétiens se dispersèrent de tous les côtés, beaucoup moururent de faim et de misère ; d'autres arrivèrent à Bagdad dans l'état le plus lamentable. Il fallait les vêtir, les loger, les nourrir. Les chrétiens de cette ville, peu nombreux et peu riches, ne pouvaient guère venir au secours de leurs frères, et les Musulmans profitaient de l'occasion pour leur faire d'abominables propositions qui n'étaient pas toujours refusées. « Embrassez notre religion, leur disaient-ils, nous nous char-« gerons de votre entretien ; vendez vos enfants et nous vous don-« nerons des vivres. »

Le Conseil de la Propagation de la foi s'en émut, et, le 29 septembre 1829, il envoya à M<sup>gr</sup> Coupperie la somme de vingt mille francs.

De son côté, M<sup>gr</sup> l'évêque de Luçon, s'adressant aux curés de son diocèse pour les engager à venir en aide, par les charités de leurs paroissiens, à l'Œuvre de la Propagation de la foi, leur disait :

« Il est un motif bien puissant auquel vos paroissiens ne seront « pas insensibles. Deux évêques, sortis de ce diocèse [1], et empor- « tés par leur zèle, sont allés porter la bonne nouvelle de Jésus- « Christ à des contrées lointaines. Ni les dangers d'un long voyage, « ni les tempêtes, ni les écueils de la mer, ni les côtes des barbares, « n'ont pu arrêter ceux que Dieu appelait ; ils arrosent encore au- « jourd'hui de leurs sueurs cette portion intéressante du champ de « l'Église, en attendant qu'ils l'arrosent peut-être et la fécondent « de leur sang. Par les efforts de leur zèle, le flambeau de la reli- « gion dissipe les ténèbres de l'idolâtrie et de la superstition, et « l'arbre de la foi, planté d'abord dans des terres incultes, malgré « les orages auxquels il est exposé, porte des fruits abondants et « qui le seraient encore davantage, si ces fervents missionnaires « n'étaient pas dépourvus de tout secours. »

Mgr Soyer dont M. l'abbé du Tressay a écrit l'intéressante histoire, a laissé, dans le diocèse de Luçon, une mémoire vénérée de tous. Homme de profonde conviction, il était en même temps un homme calme et modéré.

Sa nature éminemment conciliante ne l'entraînait point vers les partis absolus qui séparent souvent des hommes faits pour s'es- timer, et éloignent les uns des autres ceux que de grands sentiments d'honneur et de délicatesse devraient rapprocher. Nous avons eu l'honneur de le connaître personnellement, et nous avons pu ap- précier toute la noblesse de son cœur. Rien d'étonnant, après cela, si, dans la circonstance que nous rapportons, sa voix fut entendue, et si de nombreuses aumônes vinrent au secours de l'œuvre qu'il patronnait.

A la guerre qui désolait la Mésopotamie, se joignirent deux au- tres fléaux. Voici ce qu'en écrivait Mgr Coupperie :

« Cette année j'ai éprouvé de grands chagrins dans notre mission « de Babylone. La famine, la guerre civile et la peste, ont anéanti

_______________
[1] Mgr Perocheau, évêque de Maxula, et Mgr Coupperie, évêque de Babylone.

« au moins la moitié de la population chrétienne dans le pays
« de Mossoul et dans le Kurdistan. Ceux qui ont échappé sont dans
« une position extrêmement affligeante. La mort a enlevé deux
« évêques et les deux tiers des prêtres qui étaient dispersés dans
« les villages. Le courage est abattu de toutes parts. J'espère que
« la miséricorde de Dieu nous donnera quelques moyens de
« travailler à la conservation de ce qui reste dans ces malheu-
« reuses contrées.

« A Bagdad, nous nous tenons dans nos caves pour ne pas être
« étouffés par la chaleur qui, cette année, a été extraordinaire.
« Dans peu, nous en pourrons sortir pour nous livrer à nos occu-
« pations ordinaires. Malgré les troubles qui ont agité et qui agi-
« tent encore l'empire ottoman, notre ville est toujours demeurée
« tranquille. Le pacha a su y maintenir la paix. Au dedans, il ne s'y
« est opéré aucune innovation religieuse, mais au dehors, les routes
« sont infestées par les brigands arabes et kurdes qui attaquent tout
« le monde. Du côté de la Perse, il ne s'est fait aucun mouvement ;
« jusqu'à ce jour, tout marche d'accord entre le pachalik de Bag-
« dad et les Persans. On dit que les Russes sont du côté d'Erze-
« roum, mais leur présence dans ce pays-là n'exerce aucune in-
« fluence sur celui que j'habite.

« La crainte principale dont les habitants de Bagdad sont fra-
« pés maintenant, c'est la peste. Ce fléau, comme je vous l'ai dit
« plus haut, a fait des ravages affreux du côté de Mardin, de Mossoul
« et des contrées environnantes. Les vieillards disent que, suivant
« la marche accoutumée, cette terrible maladie doit venir ici après
« les chaleurs de l'été. Cette pensée a dérangé tout le commerce, et
« une grande quantité de personnes font leurs préparatifs pour
« s'éloigner prochainement et gagner d'autres pays plus sûrs, pour
« conserver leur vie et celle de leur famille. Quant à moi, je ne
« regarde pas ces craintes comme des réalités ; mais, dussions-
« nous être attaqués, je suis déterminé à ne pas quitter mon
« poste. Je prendrai les précautions d'usage en pareil cas, et,
« pour tout le reste, je m'abandonnerai aux mains de la Provi-

« dence. » (Lettre de M^gr Coupperie à M^gr Dramet à Marseille. Extraite des *Annales de la Propagation de la foi*.)

Bagdad échappa à la peste. Ce fut la seule ville de la Mésopotamie qui n'en fut pas infectée; aussi devint-elle le séjour de beaucoup de chrétiens qui, en même temps qu'ils fuyaient le fléau, y cherchaien un refuge contre deux autres, la guerre et la famine.

Dans les derniers mois de l'année 1829, la Société Biblique ouvrit des écoles protestantes à Bagdad et à Julfa. Bien que leur dogme s'éloigne beaucoup moins du catholicisme que du protestantisme, les Arméniens, dans leur aveugle haine contre le pape, y envoyèrent leurs enfants de préférence aux écoles catholiques. Pour lutter contre elles, M^gr Coupperie consacra une partie des secours qui lui arrivaient, aux écoles de garçons et de filles qu'il avait créées à Bagdad, ainsi qu'à une autre fondation religieuse, composée seulement de deux prêtres et de trois étudiants en théologie, tous les cinq enfants du pays.

Les vides que la mort avait faits dans le clergé du pachalik de Mossoul demandaient à être comblés. Soixante prêtres sur quatre-vingt-un étaient morts, et les sujets manquaient pour les remplacer. Obligé d'aller au plus pressé, M^gr Coupperie avait quelquefois donné l'ordination à d'honnêtes artisans. Les Chaldéens n'avaient pas fait autrement : leur évêque, dans le cas de circonstances urgentes, n'exigeant de ceux qu'il appelait au sacerdoce aucune préparation avant d'y arriver, avait choisi, à côté de lui, celui qui paraissait le meilleur et le plus intelligent ; il lui apprenait à dire la messe, et, sans autre préparation, le vouait au culte du Seigneur [1].

M^gr Coupperie employa une certaine somme à la réparation de l'hospice chaldéen et des églises chaldéennes situées dans le pa-

---

[1] En Orient, le célibat n'est point imposé à ceux qui demandent l'ordination. C'est la règle pour les prêtres, et en particulier pour les Chaldéens catholiques. En Orient, il y a deux clergés : l'un marié, clergé paroissial, ne faisant que célébrer la messe et administrer les sacrements; un autre célibataire (les moines de l'ordre de saint Basile en général), prêchant, dirigeant les consciences et parmi lesquels seulement on nomme les évêques, (chez les Grecs catholiques ou non et les Russes). (Note de M. le docteur Viaud-Grand-Marais).

chalik de Mossoul, et une autre à se rendre favorables les autorités musulmanes auprès desquelles l'argent est presque toujours un argument victorieux.

Enfin, l'évêque de Babylone s'était fait une réserve pour un nouveau voyage dans le Kurdistan, dans l'intention de répondre à une invitation qu'il avait reçue d'un des principaux chefs nestoriens. Ce voyage resta à l'état de projet ; son exécution, pour le moment, étant empêchée par les troubles qui agitaient le pays, et plus tard, la mort étant venue le surprendre au moment où il se proposait de l'effectuer.

A défaut de visites pastorales, devenues impossibles, M<sup>gr</sup> Coup-perie cherchait à se renseigner, auprès de ses correspondants, des choses de la religion qui s'accomplissaient en dehors de son diocèse.

Il avait fait la connaissance d'un officier européen que son goût pour les voyages avait attiré vers ces contrées lointaines. Fidèle à l'engagement qu'il avait pris de transmettre à l'évêque de Babylone tout ce qu'il pourrait recueillir d'intéressant en matière religieuse, cet officier lui adressa sur la reine Sandhanah une notice très curieuse.

Autrefois danseuse cachemirienne, puis convertie à la religion catholique, la jeune Indienne avait épousé un aventurier allemand qui avait fait une grande fortune militaire en se mettant au service du Grand Mogol. Son mari s'étant donné la mort dans un moment de désespoir où il s'attendait à être dépossédé de ses terres par les Anglais triomphants, la princesse Marie — c'est le nom qu'elle avait reçu au baptême — ne perdit pas courage. Elle se mit à la tête des troupes qui lui étaient restées fidèles, et finit par rentrer dans la possession de ses biens et le commandement de ses États.

Pendant un long règne, elle conserva toujours le pouvoir le plus absolu. C'était elle qui fixait la quotité des impôts que lui devaient ses sujets, sur lesquels elle avait un droit bien plus exorbitant encore, le droit de vie et de mort. Cette princesse avait amassé de grands trésors ; elle possédait de superbes palais et des terres immenses. Des officiers européens commandaient ses armées, et des ministres européens se trouvaient également dans son conseil. Très dévouée à la religion qu'elle avait embrassée, la reine Marie n'avait pas cessé de travailler à la propager dans ses États. Un missionnaire apostolique, le père Captan, la dirigeait dans tous ses actes religieux. Chaque matin, elle entendait la messe dans une chapelle attenante à son palais ; chaque soir, on s'y réunissait de nouveau pour dire le rosaire. La tenue et le recueillement des fidèles étaient exemplaires, et la conduite du père Captan édifiait toutes les âmes.

Agée de quatre-vingt-dix ans et songeant à une fin prochaine, la reine avait fait construire une magnifique église que l'évêque d'A-gra était venu bénir, et y avait fait creuser un tombeau dans lequel elle devait bientôt reposer.

Une pareille fondation, œuvre d'une femme dont la jeunesse avait été bien mondaine, était faite pour remplir d'étonnement ; et le correspondant de l'évêque de Babylone ne doutait pas que ce prélat n'y vît la main de Dieu.

Un prêtre catholique lui écrivait aussi de Julfa — qui dépendait de sa juridiction — pour appeler son attention sur une grosse affaire dont l'école qu'il avait fondée était le sujet. D'abord, tout avait bien marché, et beaucoup d'enfants arméniens en étaient devenus les élèves. A l'étude de la doctrine chrétienne par où il avait commencé, il se proposait d'étendre son enseignement à la grammaire et à la géographie, quand un incident inattendu, qui prit des proportions considérables, faillit tout compromettre.

Le prêtre catholique était occupé à la construction d'une sphère, quand des prêtres arméniens, ennemis de sa religion, persuadè-rent au peuple qu'il s'agissait d'un instrument diabolique à l'usage de la sorcellerie. Il n'en fallut pas davantage pour que la multi-tude se soulevât. Elle se porta à la maison d'école et en aurait la-pidé les religieux, si, prévenus à temps, ils ne s'étaient pas rendus en toute hâte à Ispahan, demander protection au chef suprême de la religion. Celui-ci donna ordre à l'archevêque de Julfa de ne pas tolérer de pareilles vexations, et de laisser les Arméniens catholiques libres dans leur enseignement. Ce n'était pas l'affaire de l'archevêque qui détestait les catholiques. Loin de se soumettre aux ordres qu'il vient de recevoir, il excite la foule ; à sa voix, l'émeute se grossit, et, ayant à sa tête le chef de la garde de la ville, elle se porte sur la maison d'école dont elle arrache les enfants pour les conduire à l'archevêché. Là, ils sont rudement châtiés, pour s'être refusés à prononcer des anathèmes contre la religion catholique, pour avoir aussi refusé de prendre l'engagement de ne plus fréquenter l'école des missionnaires.

Le lendemain, le chef de la garde de la ville se présentait de nouveau à la maison d'école pour imposer une forte amende aux missionnaires. Mais ceux-ci, s'étant rendus chez le gouverneur d'Ispahan, avaient mis sous ses yeux les firmans des rois de Perse en vertu desquels ils remplissaient leur mission à Julfa. Bien en prit alors au chef de la garde que les missionnaires implorassent sa grâce, car, sans leur intervention, le gouverneur lui aurait fait administrer une rude bastonnade. La paix se fit aussi avec l'archevêque ; mais la population fut plus difficile à calmer. Comme un des élèves de l'école catholique entrait à l'église, les émeutiers se jetèrent sur lui, l'arrachèrent du saint lieu, et, après l'avoir garrotté, l'emmenèrent chez le premier magistrat de la religion arménienne. Ces violences n'effrayèrent point le jeune néophyte qui, dans une discussion, confondit, par sa science, l'ignorance de ses adversaires. Honteux de leur défaite et ne sachant que dire, ils revinrent à la machine infernale, et envoyèrent même chercher des enchanteurs musulmans pour en détruire les effets magiques. Malheureusement pour eux, des personnes, ayant quelques notions de géographie, étaient présentes au moment des objurgations. Elles rirent beaucoup de cette singulière comédie et se moquèrent des acteurs. Ceux-ci ne se tinrent pas pour battus et revinrent à la charge. Un molla musulman suivait les leçons des missionnaires ; ils dénoncèrent ses maîtres, les accusant de travailler à la conversion d'un sectateur de Mahomet. Devant l'iman, où l'affaire fut portée, il fut facile aux mis sionnaires de prouver que les règles de la grammaire et de la logique qu'ils enseignaient, n'avaient rien de contraire aux lois de l'Alcoran. L'iman donna gain de cause aux Francs, et finit par faire comprendre au peuple que leurs dénonciateurs étaient des imbéciles. Il se fit alors une révolution dans les esprits ; aux dispositions malveillantes de la foule succéda la confiance. Un des principaux Arméniens de Julfa vint même confesser publiquement sa foi à la religion catholique, sans que cette démarche soulevât contre lui la moindre réprobation.

La correspondance de M<sup>gr</sup> Coupperie compte de nombreuses pages dans les *Annales de la Propagation de la foi*. La passer complètement sous silence, serait laisser une grande lacune dans l'histoire de sa vie. Nous nous arrêterons de préférence, comme étant particulièrement intéressante, à sa notice sur les Chaldéens dont nous ferons une analyse fort succincte, notre travail ne comportant pas des développements trop étendus.

L'histoire de ce peuple, connu tantôt sous le nom de Babylonien, tantôt sous celui d'Assyrien, se perd dans la nuit des temps. Les souvenirs bibliques y abondent : nous y trouvons les patriarches, les prophètes, les solitaires; dans ses premiers âges, il a pour souverains Nemrod, Ninus, Sémiramis et aussi Balthasar, sous le gouvernement duquel ses destinées s'accomplissent.

Aux premiers siècles de l'ère chrétienne, elle est pleine de splendeurs et d'illuminations divines. Les grandes fondations des moines jettent sur elle un vif éclat, et ses pages sont écrites avec le sang des martyrs. Importée, au V<sup>e</sup> et au VI<sup>e</sup> siècle, dans la Mésopotamie, l'hérésie nestorienne y fait de grands progrès, et pénètre dans l'Inde et dans la Chine ; jusqu'au XIII<sup>e</sup> siècle, chrétiens, hérétiques et sectateurs de Mahomet, vivent côte à côte et en paix. Mais, à cette époque, les Tartares ayant renversé l'empire des Arabes, les persécutions recommencent, les chrétiens se dispersent, leurs patriarches changent de résidence, un rapprochement avec l'Église romaine s'opère dans leur Église. Au XIX<sup>e</sup> siècle, tous les Chaldéens de la Mésopotamie sont catholiques. Dans l'Inde et dans la Chine, le mouvement de réconciliation avec l'Eglise romaine se fait aussi sur une grande échelle ; un prêtre, envoyé dans ces contrées par l'archevêque de Mossoul, assure que les conversions s'y comptent par centaines de mille, qu'il a vu plus de quarante villages jacobites tout prêts à revenir de leur erreur. C'est en Perse que l'hérésie nestorienne paraît le plus enracinée et a encore de nombreux sectaires. Dans ce pays, sans cesse tourmenté par la guerre civile, il est difficile aux missionnaires d'aller prêcher l'Evangile, le bruit des armes étouffe la voix du prêtre.

La relation de M<sup>gr</sup> Coupperie est pleine de détails très curieux sur les cérémonies religieuses et profanes des Chaldéens, sur leurs préjugés, sur leurs superstitions.

Les fêtes catholiques ne se célèbrent pas, chez eux, aux mêmes époques que dans le reste de l'Église latine. Cette différence tient à ce qu'ils n'ont point adopté le calendrier grégorien auquel ils ne peuvent rien comprendre, et dont il est inutile de leur parler. Leur seul guide est un almanach, imprimé à Venise; ils n'y attachent pas autrement d'importance, et il y a tout lieu de croire que si le Saint-Père donnait des ordres pour régler la question, il ne trouverait pas d'opposition de la part de leurs prêtres. Chose singulière ! l'astronomie, autrefois si cultivée dans ces contrées, l'astronomie qui a servi de base au calendrier grégorien, est aujourd'hui à l'état de lettre morte à Bagdad. On ignore tellement les notions les plus élémentaires de cette science, qu'au moment des éclipses de lune, les habitants, pour chasser le satellite de la terre des dents d'un dragon dont les mâchoires sont ouvertes pour le dévorer, montent sur les toits de leurs maisons, et font un tel vacarme avec des armes à feu et des instruments de toute sorte, qu'ils mettent le monstre en déroute. Aussi, quand la blonde Phébé reparaît dans toute sa splendeur, l'applaudissent-ils avec frénésie.

Le jeûne, qui comprend la moitié des jours de l'année, est moins sévère qu'il n'était au temps de la primitive Église. Au lieu d'être recommandé jusqu'à quatre heures du soir, l'abstinence des aliments solides ne s'y fait que jusqu'à midi. J'ai dit aliments solides, parce que ceux qui sont liquides ne le rompent point: *Liquidum non frangit jejunium*. Ainsi, on prend du café et l'on en offre aux visiteurs, dès le lever de l'aurore. Pour l'interdiction de la viande, elle s'observe avec la plus grande rigueur, particulièrement chez les hérétiques, pendant quelques jours de la semaine. Leur scrupule, à cet endroit, est si grand que, le vendredi, ils ne veulent pas allumer leur pipe à une chandelle de suif, parce que la flamme de sa mèche est entretenue avec un corps gras.

Dans leur liturgie, les prêtres se servent de la langue chaldéenne ; l'évangile et toutes les prières se lisent à haute voix. Au reste, si dans leurs cérémonies religieuses, il y a quant à la forme, des différences, avec celles du culte romain, le fond en est le même.

Dans les églises, les hommes sont toujours séparés des femmes ; il ne s'y trouve ni chaises, ni bancs, mais des nattes seulement. Contrairement à ce qui se pratique chez nous, les hommes ont la tête couverte et les pieds nus. Ils se tiennent quelquefois à genoux, le plus souvent assis, les jambes dans la position de celles d'un tailleur quand il est à l'ouvrage. Après le sacrement de Baptême, le prêtre administre immédiatement celui de la Confirmation. Il est d'une facilité extrême pour donner l'absolution, et se sert de pain fermenté dans l'Eucharistie. On ne trouve, dans le pays, ni séminaires, ni écoles ecclésiastiques, ni couvents de femmes. Aucune étude préparatoire n'est exigée pour arriver au sacerdoce, et les religieuses restent au sein de leurs familles, ne se distinguant des femmes du monde que par le costume.

Les femmes ne sont voilées que dans les villes, elles se marient presque toutes fort jeunes. Les fiançailles se font deux, trois et quelquefois cinq ans avant le mariage. Le jeune homme qui prétend à la main d'une jeune fille, lui envoie un anneau par l'entremise d'un prêtre ; si elle le reçoit, l'engagement est contracté et la mort seule peut le rompre. La cérémonie nuptiale se fait avec une certaine pompe. Pendant toute sa durée, l'épouse reste entièrement voilée et immobile comme un marbre. Le mariage est suivi de libations d'eau-de-vie, très copieuses.

Les mariages chrétiens sont en général d'une grande fécondité. D'ordinaire, les enfants qui en naissent, sont doués d'une bonne constitution ; leur vigueur et la beauté de leurs traits contrastent avec la faiblesse et l'air chétif des enfants musulmans. Les grâces des jeunes filles sont souvent un malheur pour elles ; elles les rendent l'objet des poursuites passionnées des Turcs et quelquefois de leurs violences.

Les Chaldéens apportent un grand recueillement dans les cérémonies funèbres ; ils conservent toujours le respect pour leurs morts et vont souvent prier sur leur tombe.

Très sincères et très fermes dans leur foi, ils ne se laissent point séduire par la corruption musulmane, ni intimider par les vexations des infidèles. Leur simplicité tient autant à l'innocence de leurs mœurs qu'au défaut d'instruction.

Les Chaldéens sont pour la plupart artisans ou cultivateurs ; quelques-uns se livrent au commerce, mais ils ne s'y enrichissent guère, les exactions odieuses dont ils sont victimes faisant obstacle à leur fortune. Les laboureurs ne sont point propriétaires des terres qu'ils ensemencent ; ils sont au service des Musulmans auxquels elles appartiennent.

La principale industrie des chrétiens est celle des toiles coton, dont la bonne confection est appréciée de toute l'Europe.

Les Musulmans leur laissent toute la liberté de traiter leurs affaires entre eux. Quand des contestations surviennent, elles sont portées devant les anciens et les prêtres, qui en jugent, mais non d'une manière souveraine. Les appels se font devant le cadi, et, dans ce cas, les frais de justice sont considérables.

Comme tous les autres sujets du grand seigneur qui ne sont pas musulmans, les Chaldéens paient un impôt appelé la Carache. Cet impôt se prélève sur chaque tête dès l'âge de quinze ans.

Les caprices de la mode ne leur sont point étrangers : ils portent des habits longs suivant la mode orientale, et des turbans dont la couleur différente de ceux des Musulmans les en fait distinguer. Pour eux, le lit est un objet de luxe ; presque tous couchent sur des nattes ou de mauvais tapis.

Il n'est pas sans exemple de voir les Chaldéens vendre leurs enfants. Ce détestable abus de la puissance paternelle a passé des Musulmans aux chrétiens. Il tient presque toujours à la pauvreté des parents qui ne trouvent pas d'autre moyen de désintéresser leurs créanciers.

Tout ce que nous appelons registres de l'état civil est inconnu de ces peuples, des témoins en tiennent lieu. Pour les contrats, ils doivent être revêtus non seulement de la signature et du sceau des parties, mais aussi de ceux qui en entendent la lecture.

En général, le nom de baptême est le seul que l'on porte, en y ajoutant le nom du père et sa profession. Cet usage est de toute antiquité ; on en trouve de nombreux exemples dans l'Écriture.

La moyenne de la vie est à peu près la même qu'en France. Hors de Bagdad, il n'y a point de médecins, chacun s'y traite à sa manière.

Les mœurs des chrétiens y sont pures en général, celles des prêtres irréprochables. D'ailleurs, non seulement les désordres publics sont l'objet du mépris universel, mais ils exposent encore ceux qui s'en rendent coupables à des punitions si terribles, qu'on n'en trouve point de semblables dans la juridiction d'aucun peuple.

Telle est la page d'histoire que nous avons empruntée à Mgr Coupperie ; répétons qu'elle est fort incomplète et renvoyons ceux qui veulent en avoir une connaissance plus étendue à la source où nous l'avons puisée.

Pendant que l'évêque de Babylone multipliait ses bonnes œuvres et, en raison de sa forte santé, faisait espérer qu'il pourrait les continuer longtemps encore, un fléau terrible, qui allait s'étendre de l'Asie à l'Europe, s'avançait à grands pas, laissant, sur son passage, la désolation et la mort. Parti de l'Inde, où il avait pris naissance, le choléra marchait vers l'Occident, et son approche jetait partout la terreur. Le lundi de Pâques de l'année 1871, il envahit Bagdad ;

et, la semaine suivante, il y faisait cinq cents victimes par jour. Tous ceux qui purent quitter la ville, prirent la fuite, et allèrent chercher un refuge dans les contrées où il n'avait pas encore pénétré. Le prêtre est le médecin de l'âme; pas plus que le médecin du corps, il ne doit déserter son poste. La pensée de se séparer de son troupeau n'entra pas dans l'esprit de M<sup>gr</sup> Coupperie ; il continua à lui prodiguer les consolations et les secours de la religion. Plusieurs de ses prêtres ayant été successivement atteints par la maladie, il voulut les avoir auprès de lui et les recueillit dans son église. Là, bravant la mort avec le calme et la sérénité d'une âme tranquille, il leur fit de fréquentes visites et leur donna des soins de ses propres mains. Le saint évêque ne pouvait pas rester dans un foyer infectieux sans en respirer les miasmes délétères et sans être frappé à son tour. Dans la nuit du 25 au 26 avril, il ressentit les premières atteintes du mal qui, ainsi qu'il arrive presque toujours, eut une marche foudroyante. Vingt-quatre heures après, il n'était plus de ce monde. Ainsi tomba, plus glorieusement encore que ne tombe le soldat sur le champ de bataille, — car celui-là au moins peut se défendre en combattant — et aussi vaillamment que les illustres martyrs que nous trouvons en grand nombre dans l'histoire des missions étrangères, ce glorieux prélat dont le nom ne saurait être trop honoré. Il a trouvé, chez plusieurs de ses compatriotes, de dignes émules. Ce n'est pas un des moindres mérites des âmes nobles et généreuses de créer, par les exemples qu'elles laissent après elles, des natures héroïques empressées de marcher sur leurs traces.

Au XVI<sup>e</sup> et au XVIII<sup>e</sup> siècle, deux héros de l'humanité, saint Charles Borromée et l'archevêque Belzunce bravèrent la peste qui faisait d'affreux ravages dans leur ville archiépiscopale, pour porter aux malades les soins du corps et les consolations de l'âme. La mort les épargna, et ils purent accomplir dans sa plénitude leur œuvre de charité. La postérité reconnaissante leur a élevé des statues. Nous aurions voulu reproduire les traits de celui qui sacrifia sa vie dans l'accomplissement de son devoir, et encadrer sa noble figure en tête de notre notice ; mais aujourd'hui, c'est à Rabelais qu'on érige des statues, pendant qu'on menace de renverser celle de Belzunce. Ni le sculpteur ni le peintre n'ont reproduit l'image de M<sup>gr</sup> Coupperie ; mais si les yeux la cherchent en vain sur le marbre et sur la toile, notre âme au moins gardera le souvenir de cette vie de dévouement et d'abnégation.

La mort de M<sup>gr</sup> Coupperie laissa un grand vide dans la mission de Babylone. Après lui, l'Eglise de ce diocèse resta sans direction au moment où elle avait, plus que jamais, besoin d'une main sage et ferme pour la conduire. Aux ravages du choléra qui enleva plus des deux tiers de la population de Bagdad, vinrent se joindre bien d'autres calamités. Le Tigre et l'Euphrate inondèrent le pays, pendant que les sauterelles détruisaient les récoltes et apportaient la famine. Le peuple se souleva et ce ne fut qu'à force d'argent que le drogman du roi de France sauva l'évêché du pillage ; enfin la destitution de Daoud-pacha alluma les feux de la guerre civile. Vainement le drogman écrivit-il à l'abbé Trioche de venir à Bagdad prendre en main les affaires de l'Eglise et celles de France, l'abbé Trioche que M<sup>gr</sup> Coupperie avait envoyé à Bassora, ne reçut point les lettres qui lui étaient écrites, les communications étant interrompues par le débordement des fleuves et les bandes de voleurs qui infestaient les routes.

M<sup>gr</sup> Coupperie ne fut remplacé dans sa mission que plus d'un an après sa mort. Ce fut M<sup>gr</sup> Pierre-Maralin-Dominique Bonamie, membre de la Société de Picpus, et professeur de théologie au séminaire de Tours, qui fut appelé à lui succéder. Le nouvel évêque ne partit pour Bagdad qu'en 1834. Arrivé dans la ville d'Alep, il trouva les routes si peu sûres qu'il n'osa pas s'aventurer plus loin. Le Saint-Père lui donna alors une autre mission que celle à laquelle il avait d'abord été destiné.

La prospérité relative dans laquelle M<sup>gr</sup> Coupperie avait laissé les églises, ne dura pas. Le siège de Babylone étant inoccupé, elles ne trouvèrent plus la main qui leur était nécessaire pour les soutenir et les diriger. Pendant plusieurs années, comme toutes les autres églises d'Orient, elles penchèrent vers leur ruine. En 1835, M<sup>gr</sup> l'évêque de Luçon adressait aux curés de son diocèse une exhortation dans laquelle on lit les lignes suivantes : « Re-« présentez aux fidèles de votre paroisse l'affliction profonde de ces « églises d'Orient, autrefois si florissantes et maintenant si tristes « et si abandonnées ; le culte saint aboli, la foi éteinte dans les « cœurs, partout la défection. »

En 1843, il fut pourvu à la vacance du siége de Babylone, l'abbé Trioche y fut appelé par le Souverain Pontife. Mais les églises catho-liques ne se relevèrent pas immédiatement de l'abaissement dans lequel elles étaient tombées. Il faut arriver à l'année 1845, pour qu'un retour sérieux commence à s'accomplir. A cette époque sept dominicains français, aidés de trois frères coadjuteurs, reprennent dans la Mésopotamie la mission qu'au siècle passé leur ordre avait si glorieusement entreprise.

A M<sup>gr</sup> Trioche succéda M<sup>gr</sup> Planchet, qui, en 1859, tomba sous les coups des Kurdes, et fut remplacé par M<sup>gr</sup> Amanton, lequel, en 1863, donna sa démission. En 1866, un délégué apostolique M<sup>gr</sup> Nicolas Castells, archevêque *in partibus* de Marinopolis, fut appelé par le Saint-Père au gouvernement de l'Église catholique en Mésopotamie. Son autorité spirituelle, comme celle de M<sup>gr</sup> Coupperie, s'étendait sur toute cette province, sur le Kurdistan, la petite Arménie et la Perse. Bien avant lui, de grands progrès s'étaient accomplis dans ces contrées. Mossoul avait été dotée d'une imprimerie d'où étaient sorties, écrites en français, en arabe, en syriaque, en chaldéen, de nombreuses publications destinées à por-ter au loin la lumière et la foi. Dès 1852, on y compte trois écoles de garçons et deux écoles de filles, fréquentées, les premières, par quatre cents élèves, les secondes, par trois cents. En même temps, les Carmes fondent à Bagdad des œuvres semblables et les Capucins s'établissent à Mardin, à Diarbékir et à Orsa. Les Lazaristes péné-trent en Perse où ils ouvrent de nombreuses écoles. Les Sœurs de Saint-Vincent-de-Paul, que l'on trouve partout où il y a des jeunes filles à instruire et des misères à soulager, ont leur maison d'ensei-gnement à coté de celle des Lazaristes, et à Ourmiah soignent, avec le même zèle et la même charité, les malades, qu'ils appartiennent à la religion chrétienne ou au culte de Mahomet, qu'ils aient sur la poitrine le Croissant ou la Croix. La concurrence des missions protestantes leur est peu redoutable, l'or qu'elles sèment d'une main, les bibles qu'elles distribuent de l'autre, ne faisant q'un petit nombre de prosélytes.

M<sup>gr</sup> Coupperie occupe une grande place dans l'histoire de la mission de Babylone. Lorsque, en 1820, il se rendit à Bagdad prendre possession du siège auquel il venait d'être appelé, il trouva son diocèse dans un état lamentable: plus de missionnaires, plus d'enseignement catholique. Quelques pauvres prêtres indigènes, d'une grande vertu et d'une grande ignorance, voilà tout ce que la mission de Babylone conservait de son ancienne splendeur. En présence des Musulmans, qui, pour extorquer ce qu'avaient les catholiques, ne reculaient ni devant la violence ni devant la ruse ; en présence des sectes hérétiques tout aussi redoutables, il y avait eu bien des défaillances et des apostasies. Il fallait commencer par ranimer la foi qui s'éteignait dans les âmes, et pourvoir aux besoins du corps qui ne s'étaient jamais fait sentir si vivement. Le nouvel évêque se montra à la hauteur de sa tâche: il l'accomplit avec la charité du chrétien, l'ascendant que donne la science, l'autorité qu'il puisait dans sa double qualité d'évêque du Saint-Père et de représentant du roi de France. Aussi à sa voix, le courant qui entraînait les catholiques vers l'abîme, s'arrêta-t-il.

Nous avons dit quels furent ses actes, ses fondations ; quelle fut la bonté de son cœur ; il eut une autre force, celle qui fait accomplir les plus grandes choses, une foi ardente qui ne faiblit jamais. Ses œuvres grandirent rapidement, et, la neuvième année de son épiscopat, le drogman du roi de France à Bagdad, écrivait au prince de Croy, président du Conseil supérieur de l'association de la Propagation de la foi : « Depuis longtemps ces missions, autrefois florissantes, étaient abandonnées. Dès son arrivée à Bagdad, M<sup>gr</sup> Coupperie, évêque de Babylone, s'est occupé de leur rendre leur ancienne splendeur. C'est à ce digne prélat qui a pourvu, comme il a pu, provisoirement à l'hospice de Bassora et à celui de Bagdad,

« par des prêtres du pays qui, quoique catholiques, vivaient dans
« un tel état d'ignorance, qu'il a fallu toute la sagacité et toute la
« patience de ce zélé et pieux évêque, pour leur donner toute l'ins-
« truction qu'ils possèdent aujourd'hui.

« Je ne m'étendrai pas beaucoup, Monseigneur, sur les missions
« de Bagdad et de Bassora ; je vous dirai seulement que, par les
« soins de M<sup>gr</sup> Coupperie, on voit fleurir à Bagdad, pour la premiè-
« re fois, des écoles chrétiennes, des congrégations des deux sexes,
« des asiles de charité pour les pauvres et pour les malades, et,
« enfin, des établissements pour empêcher l'esclavage et l'apostasie
« de beaucoup de chrétiens qui, réduits à la dernière misère, se
« seraient infailliblement faits Musulmans, si la main charitable du
« respectable prélat ne fut venue à leur secours. Ici, ce sont des
« enfants à racheter ; là, ce sont des vêtements qu'il faut à une fa-
« mille entière ; plus loin, ce sont des avarices qui écrasent les
« malheureux chrétiens que les satellites du pacha accablent de
« toutes les vexations possibles. Enfin, on trouve de pauvres fugi-
« tifs, que la faim et la misère ont forcés d'abandonner leur pays,
« pour venir mendier leur pain à Bagdad, et qui, dès leur arrivée, au
« lieu de trouver des secours, sont arrêtés, conduits en prison et n'en
« sortent qu'après avoir payé la Carache (espèce d'impôt). Cepen-
« dant M<sup>gr</sup> Coupperie suffit à tout ; en tous lieux, il se montre le père
« des infortunés, et n'a d'autre désir que de faire le bien, et de re-
« présenter dignement la nation française dont il est l'organe
« auprès de Daoud, pacha de Bagdad. »

Nous pourrions clore cette notice par l'éloge que l'on vient de
lire ; ajoutons y encore un mot, et disons que M<sup>gr</sup> Coupperie était
d'une modestie qui allait jusqu'à l'humilité ; il ne voulait pas que
le retentissement se fît autour de son nom et qu'il fût question de
sa personne dans les feuilles publiques [1], pensant sans doute qu'il
n'appartenait qu'à Dieu de juger de ses actes. Homme de dé-

---

[1] « Je suis surpris qu'on parle de moi dans les gazettes. Cette publication ne me
fait point plaisir. » (Lettre de M<sup>gr</sup> Coupperie à son frère, en date du 8 décembre
1828).

vouement, l'évêque de Babylone fut aussi l'homme du sacrifice.

Ils se trompent ceux qui pensent que la croyance dans un monde meilleur éteint dans les âmes tous les grands sentiments humains : l'amour de la patrié, l'amour de la famille, l'amour du sol natal. Resté dans Bagdad, seul prêtre européen de sa mission, puisqu'un jeune ecclésiastique de Marseille qu'il avait eu pendant quelque temps à ses côtés, ne pouvant résister au désir de revoir la France, y était retourné, Mgr Coupperie n'oublia pas la Vendée où il avait ses plus chères affections et vers laquelle se tournaient ses plus tendres souvenirs. Sans doute, le devoir ne laissait pas dans son âme la place du regret, mais il ne lui était pas possible de ne pas reporter sa pensée vers les lieux où il avait passé son enfance, et où la voix de son frère l'appelait encore. Alors un soupir, qu'il essayait de contenir en songeant à la vie éternelle, s'échappait de sa poitrine. « Il y a toute apparence, lui écrivait-il, que je mourrai loin « de ma patrie. Pour que la chose arrivât autrement, il faudrait « des circonstances que je ne prévois pas. Tout est soumis à la « volonté de Dieu, notre souverain maître. Si nous ne pouvons « nous revoir dans cette vie, vivons de manière à nous réunir dans « l'autre, et alors nous ne nous séparerons jamais. »

Voilà bien le missionnaire dans la plénitude de la foi et du sacrifice, n'oubliant pas ceux qui lui furent chers dans ce monde, mais prêt à s'en éloigner quand le devoir le commande, pour se retrouver avec eux dans la vie éternelle.

Comment se défendre d'un cri d'admiration devant tant d'héroïsme ! Laissons les esprits prévenus et les écrivains de mauvaise foi continuer leurs attaques contre les missions étrangères ; qu'ils raillent leurs œuvres, qu'ils blâment leur prosélytisme religieux, qu'ils tournent en ridicule le détachement du monde, nous n'en serons nullement surpris. Les hommes qui ne cherchent dans la vie que la jouissance des appétits sensuels, se garderont bien d'y manquer. Et pourtant, trouverait-on dans d'autres rangs un courage plus vrai, une résignation plus édifiante, un amour plus sublime de l'humanité ? Ces vertus sont filles de la Foi et de l'Espérance ; ceux qui ne les possédent pas devraient au moins les respecter chez les autres.

Naguère encore l'Afrique centrale était inconnue de l'Europe, et nous n'avions pas la moindre idée des immenses ressources qu'offre son territoire. Aujourd'hui, d'infatigables voyageurs la parcourent dans tous les sens, et nous font des récits merveilleux de leurs découvertes. Les missionnaires ont une grande part dans ces explorations. Pionniers de la science et de la civilisation, ils ne reculent ni devant les insolations tropicales, ni devant la zagaie du sauvage ; beaucoup déjà sont morts à la peine, et, avant que leur œuvre s'accomplisse, beaucoup encore iront grossir le glorieux nécrologe des missions étrangères. Mais rien ne les arrêtera ; de nouvelles recrues se lèvent pour remplacer ceux que la mort vient de moissonner. Ils partent avec ce détachement de la vie qui assure la victoire, ayant pour toute arme de guerre une croix sur la poitrine, au pied de laquelle nous voudrions voir gravée la devise du labarum de l'empereur Constantin : HOC SIGNO VINCES.

Nous avons dit que M<sup>gr</sup> Coupperie avait laissé un grand nom dans l'histoire des missions étrangères. Son souvenir lui survivra longtemps dans le diocèse de Babylone. Les voyageurs, en traversant les provinces où ses vertus furent si édifiantes, trouveront sa mémoire en grand honneur. A Bagdad, sans distinction de cultes et de sectes, elle est restée chère à tous les cœurs ; elle passera, comme une tradition sainte, de générations en générations.

# APPENDICE

Depuis M<sup>gr</sup> Coupperie, l'administration spirituelle du diocèse de Babylone a été entièrement changée. Elle se compose maintenant d'un clergé indigène appartenant à des rites divers. Ce clergé obéit à des chefs indigènes directs (évêques, archevêques, patriarches), tous sous la direction d'un délégué nommé par le Saint-Père. Ce délégué apostolique réside à Mossoul dont il ne dirige pas directement les communautés syriaques et chaldéennes, mais d'où il administre directement la communauté bien plus importante de l'archidiaconé de Diarbékir.

M<sup>gr</sup> Lion a sous ses ordres dix-neuf sièges dont douze appartiennent au rite chaldéen et sept au rite syriaque. Les Chaldéens et Syriaques sont des catholiques ayant la même foi que les plus orthodoxes et n'en différant que par le rite des cérémonies du mariage de leur clergé inférieur.

A Bagdad, se trouve un archevêque catholique du rite syriaque et un patriarche catholique du rite chaldéen. Le premier, M<sup>gr</sup> Athanase-Raphaël Ciarché, a été élu le 30 septembre 1862 ; le second, M<sup>gr</sup> Joseph Audou, a été élu le 11 septembre 1848, est mort le 29 mars 1878, et a été remplacé par M<sup>gr</sup> Elie Abbolyonau, promu patriarche le 22 février 1879. Son église est plus importante que l'église syriaque, elle compte douze mille catholiques, vingt-neuf prêtres, seize églises, onze écoles religieuses, trois couvents d'hommes. Le pape a réuni au patriarchat de M<sup>gr</sup> Elie l'archidiaconé chaldéen de Mossoul.

A Mossoul, existe un archevêque syriaque dépendant de M<sup>gr</sup> Ciarché, c'est M<sup>gr</sup> Cyrille Benham Benni, sacré le 8 mars 1861.

Les sièges de la Mésopotamie du rite chaldéen sont :

1º Diarbékir... Archevêque, M<sup>gr</sup> George Kayath, promu le 28 mars 1879, trois mille catholiques.

2º Akkar..... Siège vacant. L'ancien titulaire, Mellus, est passé au schisme, deux cents catholiques.

3ᵉ Bassora.... Ce siège vient d'être supprimé.

4º Djézireh... Siège vacant. Treize prêtres, quinze églises, cinq mille catholiques sur une population de quinze mille habitants.

5º Mardin..... évêque, M<sup>gr</sup> Timothée Attar, promu le 28 mars 1879. Trois prêtres, une église, une école, mille catholiques seulement sur une population de trente mille habitants.

Dans le Kurdistan, deux autres sièges dépendant du patriarchat chaldéen de Bagdad.

1º Amédeah... qu'occupait M<sup>gr</sup> Audou avant d'être patriarche. Siège vacant, trois prêtres, dix églises, une école, trois mille catholiques.

2º Seert...... évêque, M<sup>gr</sup> Michel, Pierre Bartatar, né en 1800, sacré le 13 novembre 1838. Douze prêtres, quinze chapelles, cinq écoles, quinze mille catholiques.

Il y a de plus en Perse, dépendant de Bagdad, les évêchés chaldéens catholiques de

1 º Kerkouk.... évêque, M<sup>gr</sup> Tomroz, élu en 1854. Trois cents catholiques.

2º Salmar..... évêque, M<sup>gr</sup> Bor Shinu, élu le 18 octobre 1847. Sept mille catholiques

S'enn ou Sinah a été supprimé. Mille catholiques.

Les dominicains ont établi des dispensaires qui sont de véritables Hôtels-Dieu, puisqu'on y reçoit aussi des voyageurs pauvres.

La moyenne annuelle des malades secourus au dispensaire de Mar yacoub est de cinq à six mille, et le nombre d'individus reçus à coucher de trois à quatre cents. La maladie la plus fréquemment soignée est une ophtalmie épidémique analogue à celle d'Egypte.

Les œuvres des écoles d'Orient ont été très favorables à la diffusion des lumières sur les bords de l'Euphrate. Un collège extrêmement important pour les Orientaux a été fondé à Ghazir, en Syrie, à trois kilomètres au nord de Beyrouth, dans l'ancien palais des cheiks, sous la direction de M<sup>gr</sup> Planchet, jésuite, qui fut un des successeurs de M<sup>gr</sup> Coupperie. D'abord simple séminaire Ghazir est devenue peu à peu une institution importante. Depuis quelques années, elle a été transportée à Beyrouth. (Ghazir n'est plus qu'une résidence pour les missionnaires jésuites.) L'université de Beyrouth, aujourd'hui florissante, reçoit les enfants de toutes les grandes familles indigènes, les Eckhesme, Habisch, Elhadj…et un grand nombre de Chaldéens. On y trouve des jeunes gens de toutes les nationalités et de tous les rites du monde oriental, des Syriens, des Maronites, des Grecs, des Arméniens, des Latins, des Chaldéens, des Bulgares, des Cophtes. Le collège étant sous la protection de la France, le français est la langue commune dans laquelle se font les cours et à laquelle on initie les arrivants. Viennent ensuite les cours de latin et de grec comme en Europe.

Une fois délégué apostolique de la Mésopotamie, M<sup>gr</sup> Planchet s'empressa de diriger sur Ghazir les Chaldéens de Mardin, de Diarbékir et de Mossoul, et le courant n'a jamais été interrompu.

A Véropolis (Hindoustan), on trouve cent quarante et un mille trois cent quatre-vingt-six catholiques du culte chaldéen syrien. On a aussi établi pour eux des collèges et des séminaires dont la direction est confiée à des Carmes déchaussés, presque tous indigènes. Sur trois cent quatre-vingt-neuf missionnaires, quatorze seulement sont européens.

Les églises orientales schismatiques n'ont pas d'unité ; elles se

composent d'une série de petites églises, toutes rivales, toutes différentes de rite et même de croyances, ayant conservé chacune quelque erreur condamnée par les anciens conciles, et formant ainsi une
histoire vivante de l'Église du Christ et des phases par lesquelles,
elle a dû passer. Toutes se détestent et s'excommunient ; elles n'ont
de commun, chose curieuse, et cela existe pour les protestants,
que leurs anathèmes contre l'Église catholique. Toutes reconnais-
sent toutefois que le pape est le successeur direct de saint Pierre,
et qu'il ne peut y avoir de concile œcuménique sans sa protection.

(Communication faite à l'Auteur.)

# ERRATUM

La vérité se cachera-t-elle toujours au fond de son puits, et, pour la découvrir, faudra-t-il nécessairement l'aller chercher à sa source? En ce qui concerne le lieu de naissance de M^gr Coupperie, j'avais cru pouvoir m'en dispenser, les recherches, dans cette circonstance, pouvant être une rude et peut-être ingrate besogne. Il m'eût fallu, en effet, compulser les registres de toutes les paroisses du département sans être bien sûr d'y rencontrer son nom, puisque beaucoup de ces registres ont été détruits pendant les guerres de la Vendée. J'avais cru que je pouvais, sans me livrer à un travail de contrôle, m'en rapporter à l'historien des saints du Poitou, M. de Chergé, qui le fait naître à Challans. Ce qui me confirmait dans cette pensée, c'est que les lettres que l'évêque de Babylone écrivait à son frère portant toutes l'adresse de Challans où ce frère avait sa résidence, il me paraissait fort naturel de croire que toute la famille était originaire de cette localité. Et voilà qu'à la dernière heure, et trop tard, puisque le tirage de ma notice est fait, j'apprends que M^gr Coupperie est né, en 1768, à la Chapelle en Palluau. Ce n'est donc que par un erratum que je puis rétablir la vérité.

Cette rectification ne diminue en rien l'intérêt que doit nous inspirer une mémoire vénérée. Si les habitants de Challans ne peuvent revendiquer M^gr Coupperie comme un de leurs concitoyens, il reste leur compatriote, puisque la Vendée le compte au nombre de ses enfants, et qu'il peut certainement être compris parmi ceux qui l'ont le plus illustrée.

Nantes. — Imp. Vincent Forest et Émile Grimaud, place du Commerce, 4.

22

9 782329 688091